PAUL VERLAINE

AMOUR

PARIS

LÉON VANIER, ÉDITEUR

19, QUAI SAINT-MICHEL

1888

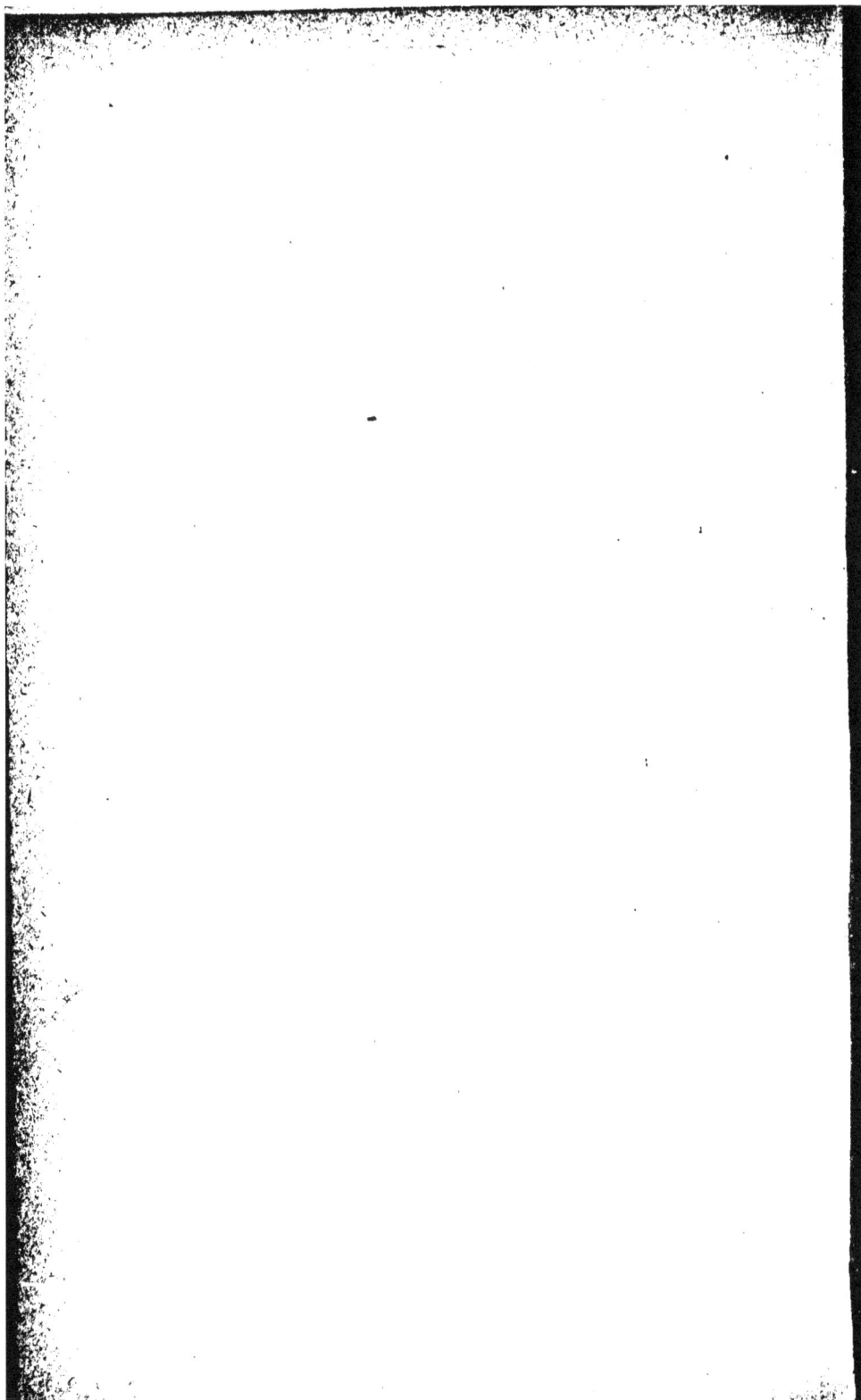

AMOUR

DU MÊME AUTEUR

SAGESSE, 1881.

Sous presse :	En préparation :
PARALLÈLEMENT.	BONHEUR.

IL A ÉTÉ TIRÉ

cinquante exemplaires sur papier de Hollande.

Paris. — Imp. E. CAPIOMONT et Cie, rue des Poitevins, 6.

PAUL VERLAINE

—

AMOUR

——

PARIS

LÉON VANIER, ÉDITEUR

19, QUAI SAINT-MICHEL

—

1888

A MON FILS

GEORGES VERLAINE

PRIÈRE DU MATIN

O Seigneur, exaucez et dictez ma prière,
Vous la pleine Sagesse et la toute Bonté,
Vous sans cesse anxieux de mon heure dernière,
Et qui m'avez aimé de toute éternité.

Car — ce bonheur terrible est tel, tel ce mystère
Miséricordieux, que, cent fois médité,
Toujours il confondit ma raison qu'il atterre, —
Oui, vous m'avez aimé de toute éternité,

1

Oui, votre grand souci c'est mon heure dernière,
Vous la voulez heureuse et pour la faire ainsi,
Dès avant l'univers, dès avant la lumière,
Vous préparâtes tout, ayant ce grand souci.

Exaucez ma prière après l'avoir formée
De gratitude immense et des plus humbles vœux,
Comme un poète scande une ode bien-aimée,
Comme une mère baise un fils sur les cheveux.

Donnez-moi de vous plaire, et puisque pour vous plaire
Il me faut être heureux, d'abord dans la douleur
Parmi les hommes durs sous une loi sévère,
Puis dans le ciel tout près de vous sans plus de pleur,

Tout près de vous, le Père éternel, dans la joie
Éternelle, ravi dans les splendeurs des saints,
O donnez-moi la foi très forte, que je croie
Devoir souffrir cent morts s'il plaît à vos desseins ;

Et donnez-moi la foi très douce, que j'estime
N'avoir de haine juste et sainte que pour moi,
Que j'aime le pécheur en détestant mon crime,
Que surtout j'aime ceux de nous encor sans foi ;

Et donnez-moi la foi très humble, que je pleure
Sur l'impropriété de tant de maux soufferts,
Sur l'inutilité des grâces et sur l'heure
Lâchement gaspillée aux efforts que je perds ;

Et que votre Esprit Saint qui sait toute nuance
Rende prudent mon zèle et sage mon ardeur :
Donnez, juste Seigneur, avec la confiance,
Donnez la méfiance à votre serviteur.

Que je ne sois jamais un objet de censure
Dans l'action pieuse et le juste discours ;
Enseignez-moi l'accent, montrez-moi la mesure ;
D'un scandale, d'un seul, préservez mes entours ;

Faites que mon exemple amène à vous connaître
Tous ceux que vous voudrez de tant de pauvres fous,
Vos enfants sans leur Père, un état sans le Maître,
Et que, si je suis bon, toute gloire aille à vous ;

Et puis, et puis, quand tout des choses nécessaires,
L'homme, la patience et ce devoir dicté,
Aura fructifié de mon mieux dans vos serres,
Laissez-moi vous aimer en toute charité,

Laissez-moi, faites-moi de toutes mes faiblesses
Aimer jusqu'à la mort votre perfection,
Jusqu'à la mort des sens et de leur mille ivresses,
Jusqu'à la mort du cœur, orgueil et passion,

Jusqu'à la mort du pauvre esprit lâche et rebelle
Que votre volonté dès longtemps appelait
Vers l'humilité sainte éternellement belle,
Mais lui, gardait son rêve infernalement laid,

Son gros rêve éveillé de lourdes rhétoriques,
Spéculation creuse et calculs impuissants
Ronflant et s'étirant en phrases pléthoriques.
Ah ! tuez mon esprit et mon cœur et mes sens !

Place à l'âme qui croie, et qui sente et qui voie
Que tout est vanité fors elle-même en Dieu ;
Place à l'âme, Seigneur, marchant dans votre voie
Et ne tendant qu'au ciel, seul espoir et seul lieu !

Et que cette âme soit la servante très douce
Avant d'être l'épouse au trône non-pareil.
Donnez-lui l'Oraison comme le lit de mousse
Où ce petit oiseau se baigne de soleil,

La paisible oraison comme la fraîche étable
Où cet agneau s'ébatte et broute dans les coins
D'ombre et d'or quand sévit le midi redoutable
Et que juin fait crier l'insecte dans les foins,

L'oraison bien en vous, fût-ce parmi la foule,
Fût-ce dans le tumulte et l'erreur des cités.
Donnez-lui l'oraison qui sourde et d'où découle
Un ruisseau toujours clair d'austères vérités :

La mort, le noir péché, la pénitence blanche,
L'occasion à fuir et la grâce à guetter;
Donnez-lui l'oraison d'en haut et d'où s'épanche
Le fleuve amer et fort qu'il lui faut remonter :

Mortification spirituelle, épreuve
Du feu par le désir et de l'eau par le pleur
Sans fin d'être imparfaite et de se sentir veuve
D'un amour que doit seule aviver la douleur,

Sécheresses ainsi que des trombes de sable
En travers du torrent où luttent ses bras lourds,
Un ciel de plomb fondu, la soif inapaisable
Au milieu de cette eau qui l'assoiffe toujours,

Mais cette eau-là jaillit à la vie éternelle,
Et la vague bientôt porterait doucement
L'âme persévérante et son amour fidèle
Aux pieds de votre Amour fidèle, ô Dieu clément !

La bonne mort pour quoi Vous-Même vous mourûtes
Me ressusciterait à votre éternité.
Pitié pour ma faiblesse, assistez à mes luttes
Et bénissez l'effort de ma débilité !

Pitié, Dieu pitoyable ! et m'aidez à parfaire
L'œuvre de votre Cœur adorable en sauvant
L'âme que rachetaient les affres du Calvaire :
Père, considérez le prix de votre enfant.

ÉCRIT EN 1875

A EDMOND LEPELLETIER

J'ai naguère habité le meilleur des châteaux
Dans le plus fin pays d'eau vive et de coteaux :
Quatre tours s'élevaient sur le front d'autant d'ailes,
Et j'ai longtemps, longtemps habité l'une d'elles.
Le mur, étant de brique extérieurement,
Luisait rouge au soleil de ce site dormant,
Mais un lait de chaux, clair comme une aube qui pleure,
Tendait légèrement la voûte intérieure.
O diane des yeux qui vont parler au cœur,
O réveil pour les sens éperdus de langueur,

1.

Gloire des fronts d'aïeuls, orgueil jeune des branches,

Innocence et fierté des choses, couleurs blanches !

Parmi des escaliers en vrille, tout aciers

Et cuivres, luxes brefs encore émaciés,

Cette blancheur bleuâtre et si douce, à m'en croire,

Que relevait un peu la longue plinthe noire,

S'emplissait tout le jour de silence et d'air pur

Pour que la nuit y vînt rêver de pâle azur.

Une chambre bien close, une table, une chaise,

Un lit strict où l'on pût dormir juste à son aise,

Du jour suffisamment et de l'espace assez,

Tel fut mon lot durant les longs mois là passés,

Et je n'ai jamais plaint ni les mois ni l'espace,

Ni le reste, et du point de vue où je me place,

Maintenant que voici le monde de retour,

Ah vraiment, j'ai regret aux deux ans dans la tour !

Car c'était bien la paix réelle et respectable,

Ce lit dur, cette chaise unique et cette table,

La paix où l'on aspire alors qu'on est bien soi,

Cette chambre aux murs blancs, ce rayon sobre et coi,

Qui glissait lentement en teintes apaisées

Au lieu de ce grand jour diffus de vos croisées.

Car à quoi bon le vain appareil et l'ennui

Du plaisir, à la fin, quand le malheur a lui,

(Et le malheur est bien un trésor qu'on déterre)

Et pourquoi cet effroi de rester solitaire

Qui pique le troupeau des hommes d'à présent,

Comme si leur commerce était bien suffisant ?

Questions ! Donc j'étais heureux avec ma vie,

Reconnaissant de biens que nul, certes, n'envie.

(O fraîcheur de sentir qu'on n'a pas de jaloux !

O bonté d'être cru plus malheureux que tous !)

Je partageais les jours de cette solitude

Entre ces deux bienfaits, la prière et l'étude,

Que délassait un peu de travail manuel.

Ainsi les Saints ! J'avais aussi ma part de ciel,

Surtout quand, revenant au jour, si proche encore,

Où j'étais ce mauvais sans plus qui s'édulcore

En la luxure lâche aux farces sans pardon,

Je pouvais supputer tout le prix de ce don :

N'être plus là, parmi les choses de la foule,

S'y dépensant, plutôt dupe, pierre qui roule,

Mais de fait un complice à tous ces noirs péchés,

N'être plus là, compter au rang des cœurs cachés,

Des cœurs discrets que Dieu fait siens dans le silence,

Sentir qu'on grandit bon et sage, et qu'on s'élance

Du plus bas au plus haut en essors bien réglés,

Humble, prudent, béni, la croissance des blés ! —

D'ailleurs nuls soins gênants, nulle démarche à faire.
Deux fois le jour ou trois, un serviteur sévère
Apportait mes repas et repartait muet.
Nul bruit. Rien dans la tour jamais ne remuait
Qu'une horloge au cœur clair qui battait à coups larges.
C'était la liberté (la seule !) sans ses charges,
C'était la dignité dans la sécurité !
O lieu presque aussitôt regretté que quitté,
Château, château magique où mon âme s'est faite,
Frais séjour où se vint apaiser la tempête
De ma raison allant à vau-l'eau dans mon sang,
Château, château qui luis tout rouge et dors tout blanc,
Comme un bon fruit de qui le goût est sur mes lèvres
Et désaltère encore l'arrière-soif des fièvres,
O sois béni, château d'où me voilà sorti
Prêt à la vie, armé de douceur et nanti
De la Foi, pain et sel et manteau pour la route
Si déserte, si rude et si longue, sans doute,
Par laquelle il faut tendre aux innocents sommets.
Et soit aimé l'AUTEUR de la Grâce, à jamais !

(Stickney, Angleterre.)

UN CONTE

A J. K. HUŸSMANS

Simplement, comme on verse un parfum sur une flamme
Et comme un soldat répand son sang pour la patrie,
Je voudrais pouvoir mettre mon cœur avec mon âme
Dans un beau cantique à la sainte Vierge Marie.

Mais je suis, hélas ! un pauvre pécheur trop indigne,
Ma voix hurlerait parmi le chœur des voix des justes :
Ivre encore du vin amer de la terrestre vigne,
Elle pourrait offenser des oreilles augustes.

Il faut un cœur pur comme l'eau qui jaillit des roches,
Il faut qu'un enfant vêtu de lin soit notre emblème,
Qu'un agneau bêlant n'éveille en nous aucuns reproches,
Que l'innocence nous ceigne un brûlant diadème,

Il faut tout cela pour oser dire vos louanges,
O vous Vierge Mère, ô vous Marie Immaculée,
Vous blanche à travers les battements d'ailes des anges,
Qui posez vos pieds sur notre terre consolée.

Du moins je ferai savoir à qui voudra l'entendre
Comment il advint qu'une âme des plus égarées,
Grâce à ces regards cléments de votre gloire tendre,
Revint au bercail des Innocences ignorées.

Innocence, ô belle après l'Ignorance inouie,
Eau claire du cœur après le feu vierge de l'âme,
Paupière de grâce sur la prunelle éblouie,
Désaltèrement du cerf rompu d'amour qui brame!

Ce fut un amant dans toute la force du terme :
Il avait connu toute la chair, infâme ou vierge,
Et la profondeur monstrueuse d'un épiderme,
Et le sang d'un cœur, cire vermeille pour son cierge !

Ce fut un athée, et qui poussait loin sa logique
Tout en méprisant les fadaises qu'elle autorise,
Et comme un forçat qui remâche une vieille chique
Il aimait le jus flasque de la mécréantise.

Ce fut un brutal, ce fut un ivrogne des rues,
Ce fut un mari comme on en rencontre aux barrières ;
Bon que les amours premières fussent disparues,
Mais cela n'excuse en rien l'excès de ses manières.

Ce fut, et quel préjudice ! un Parisien fade,
Vous savez, de ces provinciaux cent fois plus pires
Qui prennent au sérieux la plus sotte cascade
Sans s'apercevoir, ô leur âme, que tu respires ;

Race de théâtre et de boutique dont les vices
Eux-mêmes, avec leur odeur rance et renfermée,
Lèveraient le cœur à des sauvages leurs complices,
Race de trottoir, race d'égoût et de fumée !

Enfin un sot, un infatué de ce temps bête
(Dont l'esprit au fond consiste à boire de la bière)
Et par-dessus tout une folle tête inquiète,
Un cœur à tous vents, vraiment mais vilement sincère.

Mais sans doute, et moi j'inclinerais fort à le croire,
Dans quelque coin bien discret et sûr de ce cœur même,
Il avait gardé comme qui dirait la mémoire
D'avoir été ces petits enfants que Jésus aime.

Avait-il, — et c'est vraiment plus vrai que vraisemblable, —
Conservé dans le sanctuaire de sa cervelle
Votre nom, Marie, et votre titre vénérable,
Comme un mauvais prêtre ornerait encor sa chapelle ?

Ou tout bonnement peut-être qu'il était encore,
Malgré tout son vice et tout son crime et tout le reste,
Cet homme très simple qu'au moins sa candeur décore
En comparaison d'un monde autour que Dieu déteste.

Toujours est-il que ce grand pécheur eut des conduites
Folles à ce point d'en devenir trop maladroites,
Si bien que les Tribunaux s'en mirent, — et les suites !
Et le voyez-vous dans la plus étroite des boites ?

Cellules ! Prisons humanitaires ! Il faut taire
Votre horreur fadasse et ce progrès d'hypocrisie…
Puis il s'attendrit, il réfléchit. Par quel mystère,
O Marie, ô vous, de toute éternité choisie?

Puis il se tourna vers votre Fils et vers Sa mère,
O qu'il fut heureux, mais, là, promptement, tout de suite!
Que de larmes, quelle joie, ô Mère ! et pour vous plaire,
Tout de suite aussi le voilà qui bien vite quitte

Tout cet appareil d'orgueil et de pauvres malices,
Ce qu'on nomme esprit et ce qu'on nomme La science,
Et les rires et les sourires où tu te plisses,
Lèvre des petits exégètes de l'incroyance !

Et le voilà qui s'agenouille et, bien humble, égrène
Entre ses doigts fiers les grains enflammés du Rosaire,
Implorant de Vous, la Mère, et la Sainte, et la Reine,
L'affranchissement d'être ce charnel, ô misère !

O qu'il voudrait bien ne plus savoir plus rien du monde
Qu'adorer obscurément la mystique sagesse,
Qu'aimer le cœur de Jésus dans l'extase profonde
De penser à vous en même temps pendant la Messe.

O faites cela, faites cette grâce à cette âme,
O vous, Vierge Mère, ô vous, Marie Immaculée,
Toute en argent parmi l'argent de l'épithalame,
Qui posez vos pieds sur notre terre consolée.

BOURNEMOUTH

A FRANCIS POICTEVIN

Le long bois de sapins se tord jusqu'au rivage,
L'étroit bois de sapins, de lauriers et de pins,
Avec la ville autour déguisée en village :
Châlets éparpillés rouges dans le feuillage
Et les blanches villas des stations de bains.

Le bois sombre descend d'un plateau de bruyère,
Va, vient, creuse un vallon, puis monte vert et noir
Et redescend en fins bosquets où la lumière
Filtre et dore l'obscur sommeil du cimetière
Qui s'étage bercé d'un vague nonchaloir.

A gauche la tour lourde (elle attend une flèche)
Se dresse d'une église invisible d'ici,
L'estacade très loin ; haute, la tour, et sèche :
C'est bien l'anglicanisme impérieux et rêche
A qui l'essor du cœur vers le ciel manque aussi.

Il fait un de ces temps ainsi que je les aime,
Ni brume ni soleil ! le soleil deviné,
Pressenti, du brouillard mourant dansant à même
Le ciel très haut qui tourne et fuit, rose de crème ;
L'atmosphère est de perle et la mer d'or fané.

De la tour protestante il part un chant de cloche,
Puis deux et trois et quatre, et puis huit à la fois,
Instinctive harmonie allant de proche en proche,
Enthousiasme, joie, appel, douleur, reproche,
Avec de l'or, du bronze et du feu dans la voix ;

Bruit immense et bien doux que le long bois écoute !
La Musique n'est pas plus belle. Cela vient
Lentement sur la mer qui chante et frémit toute,
Comme sous une armée au pas sonne une route
Dans l'écho qu'un combat d'avant-garde retient.

La sonnerie est morte. Une rouge traînée
De grands sanglots palpite et s'éteint sur la mer.
L'éclair froid d'un couchant de la nouvelle année
Ensanglante là-bas la ville couronnée
De nuit tombante, et vibre à l'ouest encore clair.

Le soir se fonce. Il fait glacial. L'estacade
Frissonne et le ressac a gémi dans son bois
Chanteur, puis est tombé lourdement en cascade
Sur un rhythme brutal comme l'ennui maussade
Qui martelait mes jours coupables d'autrefois :

Solitude du cœur dans le vide de l'âme,
Le combat de la mer et des vents de l'hiver,
L'Orgueil vaincu, navré, qui râle et qui déclame,
Et cette nuit où rampe un guet-apens infâme,
Catastrophe flairée, avant-goût de l'Enfer !...

Voici trois tintements comme trois coups de flûtes,
Trois encor, trois encor ! l'*Angélus* oublié
Se souvient, le voici qui dit : Paix à ces luttes !
Le Verbe s'est fait chair pour relever tes chutes,
Une vierge a conçu, le monde est délié !

Ainsi Dieu parle par la voix de *sa* chapelle
Sise à mi-côte à droite et sur le bord du bois...
O Rome, ô Mère ! Cri, geste qui nous rappelle
Sans cesse au bonheur seul et donne au cœur rebelle
Et triste le conseil pratique de la Croix.

— La nuit est de velours. L'estacade laissée
Tait par degrés son bruit sous l'eau qui refluait,
Une route assez droite heureusement tracée
Guide jusque chez moi ma retraite pressée
Dans ce noir absolu sous le long bois muet.

Janvier 1877.

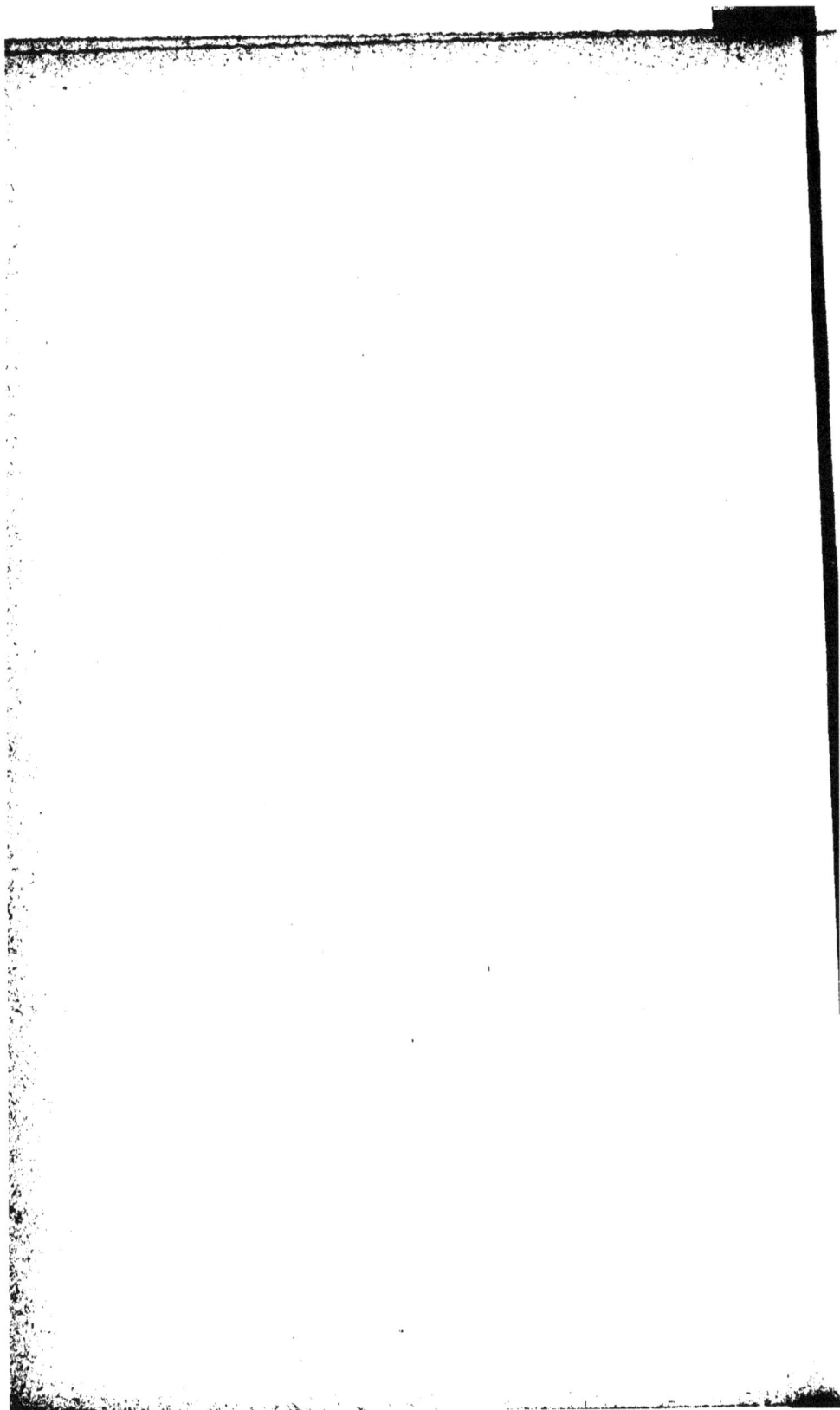

THERE

A ÉMILE LE BRUN

« Angels », seul coin luisant dans ce Londres du soir,
Où flambe un peu de gaz et jase quelque foule,
C'est drôle que, semblable à tel très dur espoir,
Ton souvenir m'obsède et puissamment enroule
Autour de mon esprit un regret rouge et noir :

Devantures, chansons, omnibus et les danses
Dans le demi-brouillard où flue un goût de rhum,
Décence, toutefois, le souci des cadences,
Et même dans l'ivresse un certain décorum,
Jusqu'à l'heure où la brume et la nuit se font denses.

2

« Angels » ! jours déjà loin, soleils morts, flots taris ;
Mes vieux péchés longtemps ont rôdé par tes voies,
Tout soudain rougissant, misère ! et tout surpris
De se plaire vraiment à tes honnêtes joies,
Eux pour tout le contraire arrivés de Paris !

Souvent l'incompressible Enfance ainsi se joue,
Fût-ce dans ce rapport infinitésimal,
Du monstre intérieur qui nous crispe la joue
Au froid ricanement de la haine et du mal,
Ou gonfle notre lèvre amère en lourde moue.

L'Enfance baptismale émerge du pécheur,
Inattendue, alerte, et nargue ce farouche
D'un sourire non sans franchise ou sans fraîcheur,
Qui vient, quoi qu'il en ait, se poser sur sa bouche
A lui, par un prodige exquisement vengeur.

C'est la Grâce qui passe aimable et nous fait signe.
O la simplicité primitive, elle encor !
Cher recommencement bien humble ! Fuite insigne
De l'heure vers l'azur mûrisseur de fruits d'or !
«Angels »! ô nom *revu*, calme et frais comme un cygne !

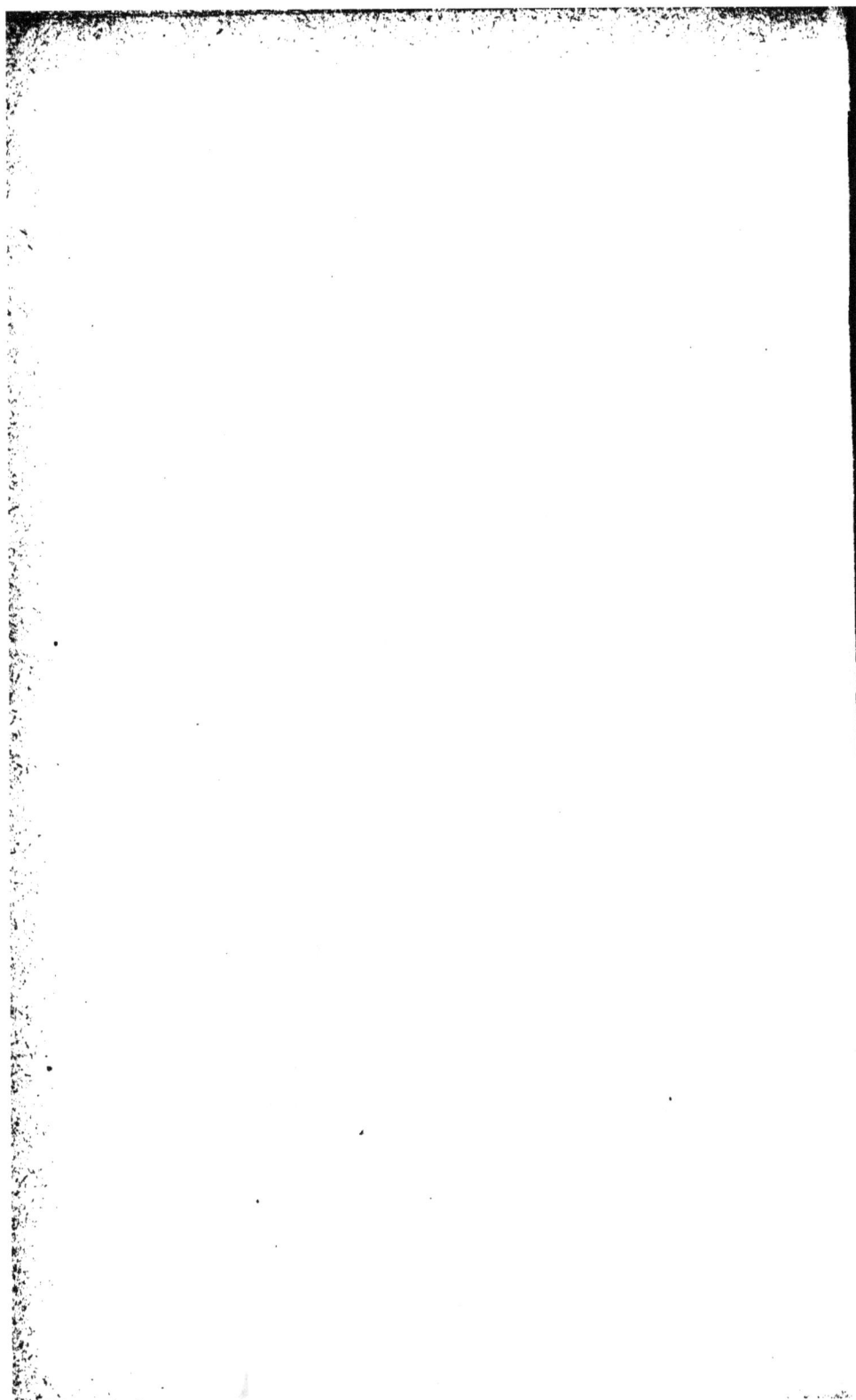

UN CRUCIFIX

A GERMAIN NOUVEAU

Église Saint-Géry, Arras.

Au bout d'un bas-côté de l'église gothique,
Contre le mur que vient baiser le jour mystique
D'un long vitrail d'azur et d'or finement roux,
Le Crucifix se dresse, ineffablement doux,
Sur sa croix peinte en vert aux arêtes dorées,
Et la gloire d'or sombre en langues échancrées

2.

Flue autour de la tête et des bras étendus,
Tels quatre vols de flamme en un seul confondus.
La statue est en bois, de grandeur naturelle,
Légèrement teintée, et l'on croirait sur elle
Voir s'arrêter la vie à l'instant qu'on la voit.
Merveille d'art pieux, celui qui la fit doit
N'avoir fait qu'elle et s'être éteint dans la victoire
D'être un bon ouvrier trois fois sûr de sa gloire.
« Voilà l'homme ! » Robuste et délicat pourtant.
C'est bien le corps qu'il faut pour avoir souffert tant,
Et c'est bien la poitrine où bat le Cœur immense :
Par les lèvres le souffle expirant dit : « Clémence »,
Tant l'artiste les a disjointes saintement,
Et les bras grands ouverts prouvent le Dieu clément ;
La couronne d'épine est énorme et cruelle
Sur le front inclinant sa pâleur fraternelle
Vers l'ignorance humaine et l'erreur du pécheur,
Tandis que, pour noyer le scrupule empêcheur
D'aimer et d'espérer comme la Foi l'enseigne,
Les pieds saignent, les mains saignent, le côté saigne ;
On sent qu'il s'offre au Père en toute charité,
Ce vrai Christ catholique éperdu de bonté,
Pour spécialement sauver vos âmes tristes,
Pharisiens naïfs, sincères jansénistes !

— Un ami qui passait, bon peintre et bon chrétien
Et bon poète aussi — les trois s'accordent bien —
Vit cette œuvre sublime, en fit une copie
Exquise, et surprenant mon regard qui l'épie,
Très gracieusement chez moi vint l'oublier.
Et j'ai rimé ces vers pour le remercier. —

Août 1880.

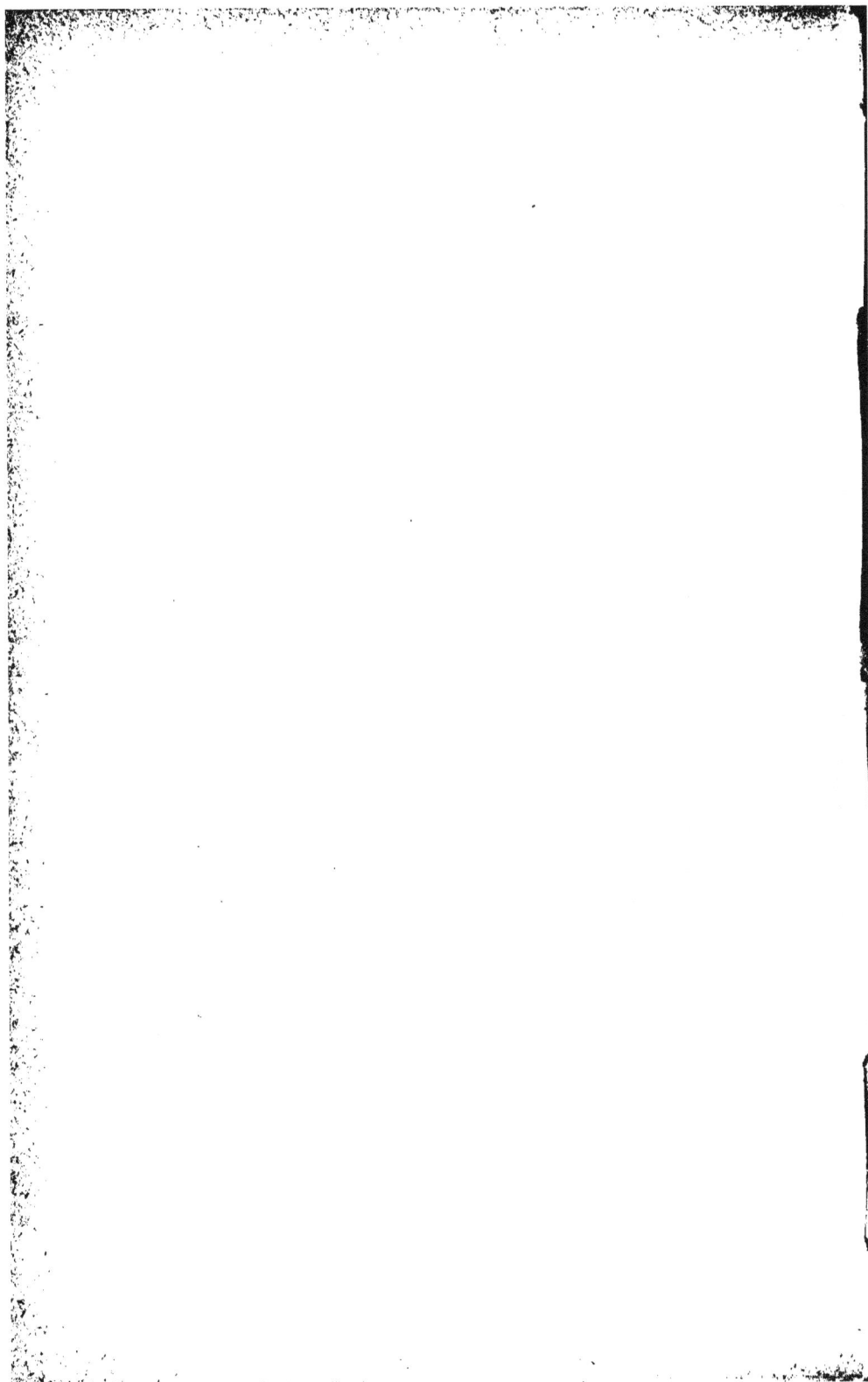

BALLADE

A Léon Vanier.

Mon jardin fut doux et léger
Tant qu'il fut mon humble richesse :
Mi-potager et mi-verger,
Avec quelque fleur qui se dresse
Couleur d'amour et d'allégresse,
Et des oiseaux sur des rameaux,
Et du gazon pour la paresse.
Mais rien ne valut mes ormeaux.

De ma claire salle à manger
Où du vin fit quelque prouesse,
Je les voyais tous deux bouger
Doucement au vent qui les presse
L'un vers l'autre en une caresse,
Et leurs feuilles flûtaient des mots.
Le clos était plein de tendresse.
Mais rien ne valut mes ormeaux.

Hélas! quand il fallut changer
De cieux et quitter ma liesse,
Le verger et le potager
Se partagèrent ma tristesse,
Et la fleur couleur charmeresse,
Et l'herbe, oreiller de mes maux,
Et l'oiseau, surent ma détresse.
Mais rien ne valut mes ormeaux.

ENVOI

Prince, j'ai goûté la simplesse
De vivre heureux dans vos hameaux :
Gaîté, santé que rien ne blesse.
Mais rien ne valut mes ormeaux.

SUR UN RELIQUAIRE

QU'ON LUI AVAIT DÉROBÉ

Seul bijou de ma pauvreté,
Ton mince argent, ta perle fausse
(En tout quatre francs), ont tenté
Quelqu'un dont l'esprit ne se hausse,

Parmi ces paysans cafards
A vous dégoûter d'être au monde,
— Tas d'Onans et de Putiphars ! —
Que juste au niveau de l'immonde,

Et le Témoin, et le Gardien,
Le Grain d'une poussière illustre,
Un ami du mien et du tien
Crispe sur Lui sa main de rustre !

Est-ce simplement un voleur,
Ou s'il se guinde au sacrilège ?
Bah ! ces rustiques-là ! Mais leur
Gros laid vice que rien n'allège,

Ne connaît rien que de brutal
Et ne s'est jamais douté d'une
Ame immortelle. Du métal,
C'est tout ce qu'il voit dans la lune ;

Tout ce qu'il voit dans le soleil,
C'est foin épais et fumier dense,
Et quand éclot le jour vermeil,
Il suppute timbre et quittance,

Hypothèque, gens mis dedans,
Placements, la dot de la fille,
Crédits ouverts à deux battants
Et l'usure au bout qui mordille!

Donc, vol, oui, sacrilège, non.
Mais le fait monstrueux existe
Et pour cet ouvrage sans nom,
Mon âme est immensément triste.

O pour lui ramener la paix,
Daignez, vous, grand saint Benoît Labre,
Écouter les vœux que je fais,
Peur que ma foi ne se délabre

En voyant ce crime impuni
Rester inutile. O la Grâce,
Implorez-la sur l'homme, et ni
L'homme ni moi n'oublierons. Grâce!

Grâce pour le pauvre larron
Inconscient du péché pire !
Intercédez, ô bon patron,
Et qu'enfin le bon Dieu l'inspire,

Que de ce débris de ce corps
Exalté par la pénitence
Sorte une vertu de remords,
Et que l'exquis conseil le tance

Et lui montre toute l'horreur
Du vol et de ce vol impie
Avec la torpeur et l'erreur
D'un passé qu'il faut qu'il expie.

Qu'il s'émeuve à ce double objet
Et tremblant au son du tonnerre
Respecte ce qu'il outrageait
En attendant qu'il le vénère. »

Et que cette conversion
L'amène à la foi de ses pères
D'avant la Révolution.
Ma Foi, dis-le moi, tu l'espères?

Ma foi, celle du charbonnier !
Ainsi la veux-je, et la souhaite
Au possesseur, croyons dernier,
De la sainte petite boîte !

A MADAME X.....

EN LUI ENVOYANT UNE PENSÉE

Au temps où vous m'aimiez (bien sûr?)
Vous m'envoyâtes, fraîche éclose,
Une chère petite rose,
Frais emblème, message pur.

Elle disait en son langage
Les « serments du premier amour » :
Votre cœur à moi pour toujours
Et toutes les choses d'usage.

Trois ans sont passés. Nous voilà !
Mais moi j'ai gardé la mémoire
De votre rose, et c'est ma gloire
De penser encore à cela.

Hélas ! si j'ai la souvenance,
Je n'ai plus la fleur, ni le cœur !
Elle est aux quatre vents, la fleur.
'Le cœur ? mais, voici que j'y pense,

Fut-il mien jamais ? entre nous ?
Moi, le mien bat toujours le même,
Il est toujours simple. Un emblème
A mon tour. Dites, voulez-vous

Que, tout pesé, je vous envoie,
Triste sélam, mais c'est ainsi,
Cette pauvre négresse-ci ?
Elle n'est pas couleur de joie,

Mais elle est couleur de mon cœur :
Je l'ai cueillie à quelque fente
Du pavé captif que j'arpente
En ce lieu de juste douleur.

A-t-elle besoin d'autres preuves ?
Acceptez-la pour le plaisir.
J'ai tant fait que de la cueillir,
Et c'est presque une fleur-des-veuves.

1873.

UN VEUF PARLE

Je vois un groupe sur la mer.
Quelle mer ? Celle de mes larmes.
Mes yeux mouillés du vent amer
Dans cette nuit d'ombre et d'alarmes
Sont deux étoiles sur la mer.

C'est une toute jeune femme
Et son enfant déjà tout grand
Dans une barque où nul ne rame,
Sans mât ni voile, en plein courant...
Un jeune garçon, une femme !

3.

En plein courant dans l'ouragan !
L'enfant se cramponne à sa mère
Qui ne sait plus où, non plus qu'en…,
Ni plus rien, et qui, folle, espère
En le courant, en l'ouragan.

Espérez en Dieu, pauvre folle,
Crois en notre Père, petit.
La tempête qui vous désole,
Mon cœur de là-haut vous prédit
Qu'elle va cesser, petit, folle !

Et paix au groupe sur la mer,
Sur cette mer de bonnes larmes !
Mes yeux joyeux dans le ciel clair,
Par cette nuit sans plus d'alarmes,
Sont deux bons anges sur la mer.

1878.

IL PARLE ENCORE

Ni pardon ni répit, dit le monde,
Plus de place au sénat du loisir !
On rend grâce et justice au désir
Qui te prend d'une paix si profonde,
Et l'on eût fait trêve avec plaisir,
Mais la guerre est jalouse : il faut vivre
Ou mourir du combat qui t'enivre.

Aussi bien tes vœux sont absolus
Quand notre art est un mol équilibre.
Nous donnons un sens large au mot : libre,
Et ton sens va : Vite ou jamais plus.
Ta prière est un ordre qui vibre ;
Alors nous, indolents conseillers,
Que te dire, excepté : Cherche ailleurs ?

Et je vois l'Orgueil et la Luxure
Parmi la réponse : tel un cor
Dans l'éclat fané d'un vil décor,
Prêtant sa rage à la flûte impure.
Quel décor connu mais triste encor !
C'est la ville où se caille et se lie
Ce passé qu'on boit jusqu'à la lie,

C'est Paris banal, maussade et blanc,
Qui chantonne une ariette vieille
En cuvant sa « noce » de la veille
Comme un invalide sur un banc.
La Luxure me dit à l'oreille :
Bonhomme, on vous a déjà donné.
Et l'Orgueil se tait comme un damné.

O Jésus, vous voyez que la porte
Est fermée au Devoir qui frappait,
Et que l'on s'écarte à mon aspect.
Je n'ai plus qu'à prier pour la morte.
Mais l'agneau, bénissez qui le paît !
Que le thym soit doux à sa bouchette !
Que le loup respecte la houlette !

Et puis, bon pasteur, paissez mon cœur :
Il est seul désormais sur la terre,
Et l'horreur de rester solitaire
Le distrait en l'étrange langueur
D'un espoir qui ne veut pas se taire,
Et l'appelle aux prés qu'il ne faut pas.
Donnez-lui de n'aller qu'en vos pas.

1879.

BALLADE

EN RÊVE

Au docteur Louis Jullien

J'ai rêvé d'elle, et nous nous pardonnions
Non pas nos torts, il n'en est en amour,
Mais l'absolu de nos opinions
Et que la vie ait pour nous pris ce tour.
Simple elle était comme au temps de ma cour,
En robe grise et verte et voilà tout,
(J'aimai toujours les femmes dans ce goût.)
Et son langage était sincère et coi.
Mais quel émoi de me dire au débout :
J'ai rêvé d'elle et pas elle de moi.

Elle ni moi nous ne nous résignions
A plus souffrir pas plus tard que ce jour.
O nous revoir encore compagnons,
Chacun étant descendu de sa tour
Pour un baiser bien payé de retour !
Le beau projet ! Et nous étions debout,
Main dans la main, avec du sang qui bout
Et chante un fier *donec gratus*. Mais quoi ?
C'était un songe, ô tristesse et dégoût !
J'ai rêvé d'elle et pas elle de moi.

Et nous suivions tes luisants fanions,
Soie et satin, ô Bonheur vainqueur, pour
Jusqu'à la mort, que d'ailleurs nous niions.
J'allais par les chemins en troubadour,
Chantant, ballant, sans craindre ce pandour
Qui vous saute à la gorge et vous découd.
Elle évoquait la chère nuit d'Août
Où son aveu bas et lent me fit roi.
Moi, j'adorais ce retour qui m'absout.
J'ai rêvé d'elle et pas elle de moi.

ENVOI

Princesse elle est sans doute à l'autre bout
Du monde où règne et persiste ma foi.
Amen, alors, puisqu'à mes dam et coût,
J'ai rêvé d'elle et pas elle de moi !

ADIEU

Hélas ! je n'étais pas fait pour cette haine
Et pour ce mépris plus forts que moi que j'ai.
Mais pourquoi m'avoir fait cet agneau sans laine
Et pourquoi m'avoir fait ce cœur outragé ?

J'étais né pour plaire à toute âme un peu fière,
Sorte d'homme en rêve et capable du mieux,
Parfois tout sourire et parfois tout prière,
Et toujours des cieux attendris dans les yeux ;

Toujours la bonté des caresses sincères,
En dépit de tout et quoi qu'il y parût,
Toujours la pudeur des hontes nécessaires
Dans l'argent brutal et les stupeurs du rut ;

Toujours le pardon, toujours le sacrifice !
J'eus plus d'un des torts, mais j'avais tous les soins.
Votre mère était tendrement ma complice,
Qui voyait mes torts et mes soins, elle, au moins.

Elle n'aimait pas que par vous je souffrisse.
Elle est morte et j'ai prié sur son tombeau ;
Mais je doute fort qu'elle approuve et bénisse
La chose actuelle et trouve cela beau.

Et j'ai peur aussi, nous en terre, de croire
Que le pauvre enfant, votre fils et le mien,
Ne vénérera pas trop votre mémoire,
O vous sans égard pour le mien et le tien.

Je n'étais pas fait pour dire de ces choses,
Moi dont la parole exhalait autrefois
Un épithalame en des apothéoses,
Ce chant du matin où mentait votre voix.

J'étais, je suis né pour plaire aux nobles âmes,
Pour les consoler un peu d'un monde impur,
Cimier d'or chanteur et tunique de flammes,
Moi le Chevalier qui saigne sur azur,

Moi qui dois mourir d'une mort douce et chaste
Dont le cygne et l'aigle encor seront jaloux,
Dans l'honneur vainqueur malgré ce vous néfaste,
Dans la gloire aussi des Illustres Époux !

Novembre 1886.

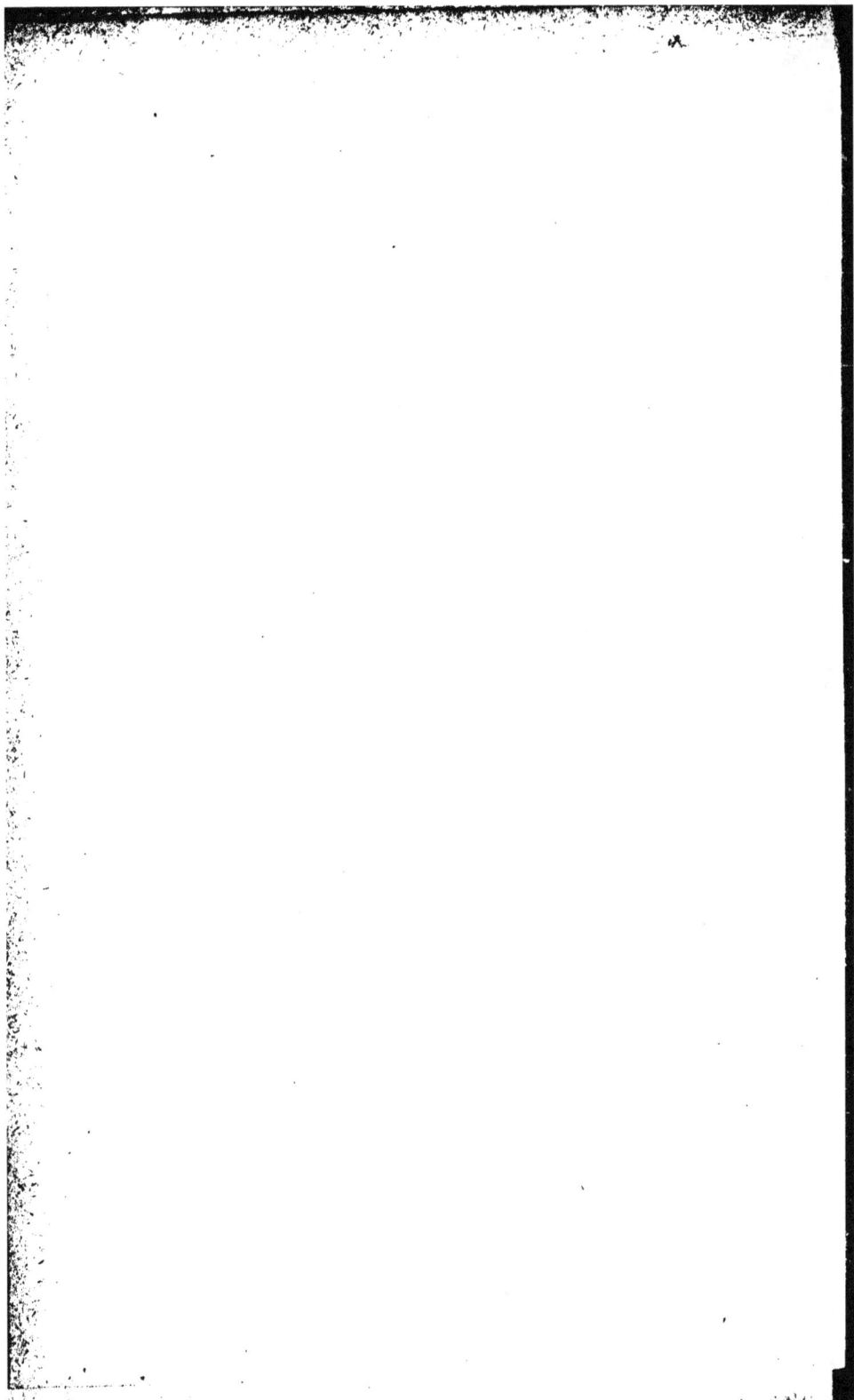

BALLADE

EN L'HONNEUR DE LOUISE MICHEL

Madame et Pauline Roland,
Charlotte, Théroigne, Lucile,
Presque Jeanne d'Arc, étoilant
Le front de la foule imbécile,
Nom des cieux, cœur divin qu'exile
Cette espèce de moins que rien
France bourgeoise au dos facile,
Louise Michel est très bien.

Elle aime le Pauvre âpre et franc
Ou timide, elle est la faucille
Dans le blé mûr pour le pain blanc
Du Pauvre, et la sainte Cécile
Et la Muse rauque et gracile
Du Pauvre et son ange gardien
A ce simple, à cet indocile.
Louise Michel est très bien.

Gouvernements de maltalent,
Mégathérium ou baccile,
Soldat brut, robin insolent,
Ou quelque compromis fragile,
Géant de boue aux pieds d'argile,
Tout cela son courroux chrétien
L'écrase d'un mépris agile.
Louise Michel est très bien.

ENVOI

Citoyenne ! votre évangile
On meurt pour ! c'est l'Honneur ! et bien
Loin des Taxil et des Bazile,
Louise Michel est très bien.

A LOUIS II DE BAVIÈRE

Roi, le seul vrai roi de ce siècle, salut, Sire,
Qui voulûtes mourir vengeant votre raison
Des choses de la politique, et du délire
De cette Science intruse dans la maison,

De cette Science assassin de l'Oraison
Et du Chant et de l'Art et de toute la Lyre,
Et simplement et plein d'orgueil en floraison
Tuâtes en mourant, salut, Roi, bravo, Sire !

4

Vous fûtes un poète, un soldat, le seul Roi
De ce siècle où les rois se font si peu de chose,
Et le martyr de la Raison selon la Foi.

Salut à votre très unique apothéose,
Et que votre âme ait son fier cortège, or et fer,
Sur un air magnifique et joyeux de Wagner.

PARSIFAL

A JULES TELLIER

Parsifal a vaincu les Filles, leur gentil
Babil et la luxure amusante — et sa pente
Vers la Chair de garçon vierge que cela tente
D'aimer les seins légers et ce gentil babil ;

Il a vaincu la Femme belle, au cœur subtil,
Étalant ses bras frais et sa gorge excitante ;
Il a vaincu l'Enfer et rentre sous la tente
Avec un lourd trophée à son bras puéril,

Avec la lance qui perça le Flanc suprême !
Il a guéri le roi, le voici roi lui-même,
Et prêtre du très saint Trésor essentiel.

En robe d'or il adore, gloire et symbole,
Le vase pur où resplendit le Sang réel.
— Et, ô ces voix d'enfants chantant dans la coupole !

SAINT GRAAL

A LÉON BLOY

Parfois je sens, mourant des temps où nous vivons,
Mon immense douleur s'enivrer d'espérance.
En vain l'heure honteuse ouvre des trous profonds,
En vain bâillent sous nous les désastres sans fonds
Pour engloutir l'abus de notre âpre souffrance,
Le sang de Jésus-Christ ruisselle sur la France.

Le précieux Sang coule à flots de ses autels
Non encor renversés, et coulerait encore
Le fussent-ils, et quand nos malheurs seraient tels
Que les plus forts, cédant à ces effrois mortels,
Eux-mêmes subiraient la loi qui déshonore,
De l'ombre des cachots il jaillirait encore.

4.

Il coulerait encor des pierres des cachots,
Descellerait l'horreur des ciments, doux et rouge
Suintement, torrent patient d'oraisons,
D'expiation forte et de bonnes raisons
Contre les lâchetés et les « feux sur qui bouge ! »
Et toute guillotine et cette Gueuse rouge !...

Torrent d'amour du Dieu d'amour et de douceur,
Fût-ce parmi l'horreur de ce monde moqueur,
Fleuve rafraîchissant de feu qui désaltère,
Source vive où s'en vient ressusciter le cœur
Même de l'assassin, même de l'adultère,
Salut de la patrie, ô sang qui désaltère !

« GAIS ET CONTENTS »

A CHARLES VESSERON

Une chanson folle et légère
Comme le drapeau tricolore
Court furieusement dans l'air,
Fifrant une France âpre encor.

Sa gaîté qui rit d'elle-même
Et du reste en passant se moque
Pourtant veut bien dire : Tandem !
Et vaticine Le grand choc.

Ecoutez! le flonflon se pare
Des purs accents de la Patrie,
Espèce de chant du départ
Du gosse effrayant de Paris.

Il est le rhythme, il est la joie,
Il est la Revanche essayée,
Il est l'entrain, il est tout, quoi!
Jusqu'au juron luron qui sied,

Jusqu'au cri de reconnaissance
Qu'on pousse quand il faut qu'on meure
De sang-froid, dans tout son bon sens,
Avec de l'honneur plein son cœur!

A FERNAND LANGLOIS

Vous vous êtes penché sur ma mélancolie,
Non comme un indiscret, non comme un curieux,
Et vous avez surpris la clef de ma folie.
Tel un consolateur attentif et pieux;

Et vous avez ouvert doucement ma serrure,
Y mettant tout le temps, non ainsi qu'un voleur,
Mais ainsi que quelqu'un qui préserve et rassure
Un triste possesseur peut-être recéleur.

Soyez aimé d'un cœur plus veuf que toutes veuves,
Qui n'avait plus personne en qui pleurer vraiment,
Soyez béni d'une âme errant au bord des fleuves
Consolateurs si mal avec leur air dormant ;

Que soient suivis des pas d'un but à la dérive
Hier encor, vos pas eux-mêmes tristes, ô
Si tristes, mais que si bien tristes ! et que vive
Encore, alors ! mais par vous pour Dieu, ce roseau,

Cet oiseau, ce roseau sous cet oiseau, ce blême
Oiseau sur ce pâle roseau fleuri jadis,
Et pâle et sombre, spectre et sceptre noir : Moi-même !
Surrexit hodie, non plus : *de profundis*.

Fiat! La défaillance a fini. Le courage
Revient. Sur votre bras permettez qu'appuyé
Je marche en la fraîcheur de l'expirant orage,
Moi-même comme qui dirait défoudroyé.

Là, je vais mieux. Tantôt le calme s'en va naître.
Il naît. Si vous voulez, allons à petits pas,
Devisant de la vie et d'un bonheur peut-être
Non, sans doute, impossible, en somme, n'est-ce pas?

Oui, causons de bonheur, mais vous? pourquoi si triste
Vous aussi? Vous si jeune et si triste, ô pourquoi,
Dites? Mais cela vous regarde, et si j'insiste
C'est uniquement pour vous plaire et non pour moi.

Discrétion sans borne, immense sympathie!
C'est l'heure précieuse, elle est unique, elle est
Angélique. Tantôt l'avez-vous pressentie?
Avez-vous comme su — moi je l'ai — qu'il fallait

Peut-être bien, sans doute, et quoique, et puisque, en somme,
Éprouvant tant d'estime et combien de pitié,
Laisser monter en nous, fleur suprême de l'homme,
Franchement, largement, simplement, l'Amitié.

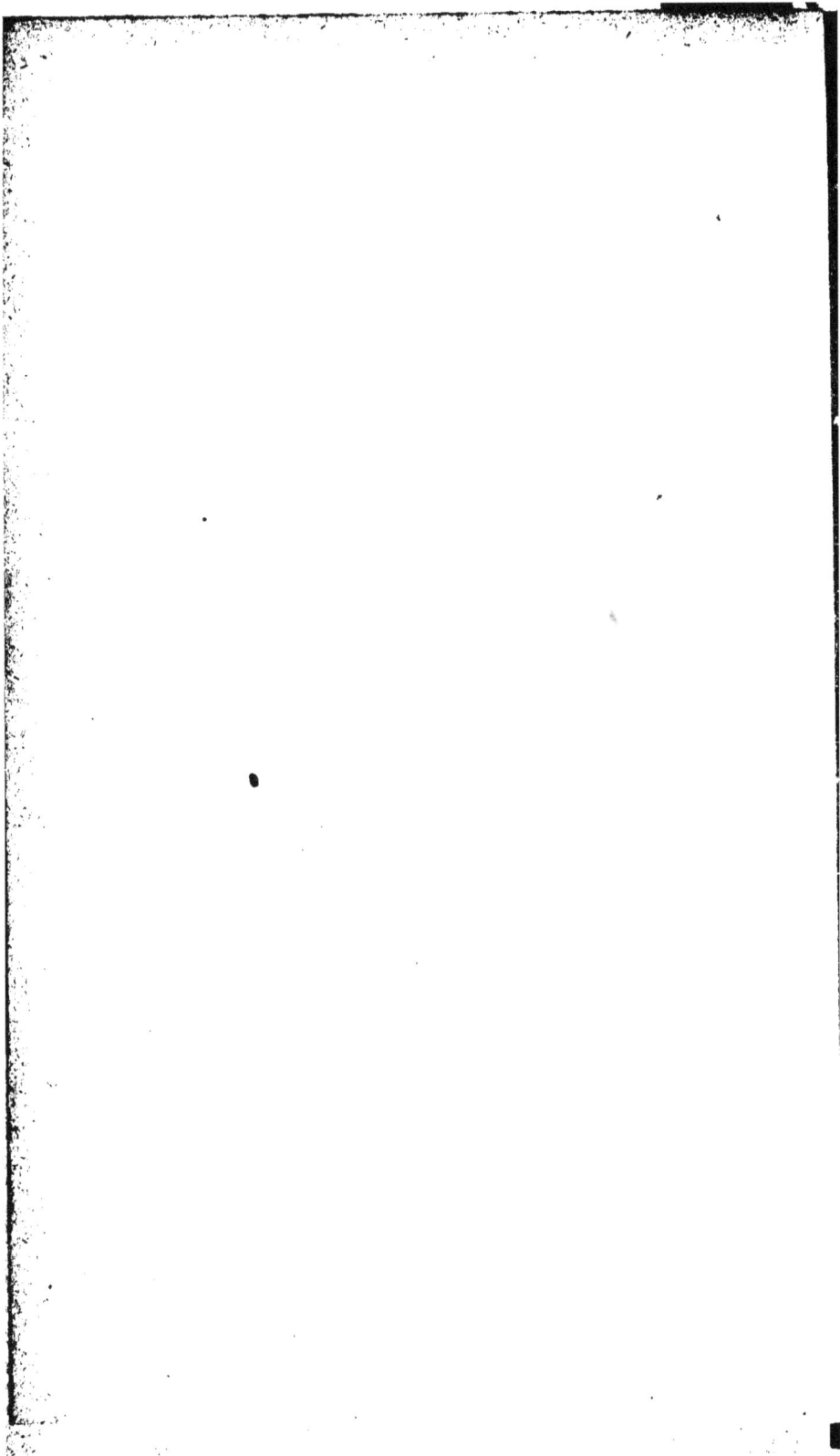

DÉLICATESSE

A MADEMOISELLE RACHILDE

Tu nous rends l'égal des héros et des dieux,
Et, nous procurant d'être les seuls dandies,
Fais de nos orgueils des sommets radieux,
Non plus ces foyers de troubles incendies.

Tu brilles et luis, vif astre aux rayons doux,
Sur l'horizon noir d'une lourde tristesse.
Par toi surtout nous plaisons au Dieu jaloux,
Choisie, une, fleur du Bien, Délicatesse !

5

Plus fière fierté, plus pudique pudeur
Qui ne sais rougir à force d'être fière,
Qui ne peux que vaincre en ta sereine ardeur,
Vierge ayant tout su, très paisible guerrière.

Musique pour l'âme et parfum pour l'esprit,
Vertu qui n'es qu'un nom, mais le nom d'un ange,
Noble dame guidant au ciel qui sourit
Notre immense effort de parmi cette fange.

ANGÉLUS DE MIDI

Je suis dur comme un juif et têtu comme lui,
Littéral, ne faisant le bien qu'avec ennui,
Quand je le fais, et prêt à tout le mal possible ;

Mon esprit s'ouvre et s'offre, on dirait une cible ;
Je ne puis plus compter les chutes de mon cœur ;
La charité se fane aux doigts de la langueur ;

L'ennemi m'investit d'un fossé d'eau dormante ;
Un parti de mon être a peur et parlemente :

Il me faut à tout prix un secours prompt et fort.

Ce fort secours, c'est vous, maîtresse de la mort
Et reine de la vie, ô Vierge immaculée,
Qui tendez vers Jésus la Face constellée
Pour lui montrer le Sein de toutes les douleurs
Et tendez vers nos pas, vers nos ris, vers nos pleurs
Et vers nos vanités douloureuses les paumes
Lumineuses, les Mains répandeuses de baumes.
Marie, ayez pitié de moi qui ne vaux rien
Dans le chaste combat du Sage et du Chrétien ;
Priez pour mon courage et pour qu'il persévère,
Pour de la patience, en cette longue guerre,
A supporter le froid et le chaud des saisons ;
Écartez le fléau des mauvaises raisons ;
Rendez-moi simple et fort, inaccessible aux larmes,
Indomptable à la peur ; mettez-moi sous les armes,
Que j'écrase, puisqu'il le faut, et broie enfin
Tous les vains appétits, et la soif et la faim,
Et l'amour sensuel, cette chose cruelle,
Et la haine encor plus cruelle et sensuelle,
Faites-moi le soldat rapide de vos vœux,
Que pour vous obéir soit le rien que je peux,

Que ce que vous voulez soit tout ce que je puisse !
J'immolerai comme en un calme sacrifice
Sur votre autel honni jadis, baisé depuis,
Le mauvais que je fus, le lâche que je suis.
La sale vanité de l'or qu'on a, l'envie
D'en avoir mais pas pour le Pauvre, cette vie
Pour soi, quel soi ! l'affreux besoin de plaire aux gens,
L'affreux besoin de plaire aux gens trop indulgents,
Hommes prompts aux complots, femmes tôt adultères,
Tous préjugés, mourez sous mes mains militaires !
Mais pour qu'un bien beau fruit récompense ma paix,
Fleurissent dans tout moi la fleur des divins Mais,
Votre amour, Mère tendre, et votre culte tendre.
Ah ! vous aimer, n'aimer Dieu que par vous, ne tendre
A lui qu'en vous sans plus aucun détour subtil,
Et mourir avec vous tout près.

                              Ainsi soit-il !

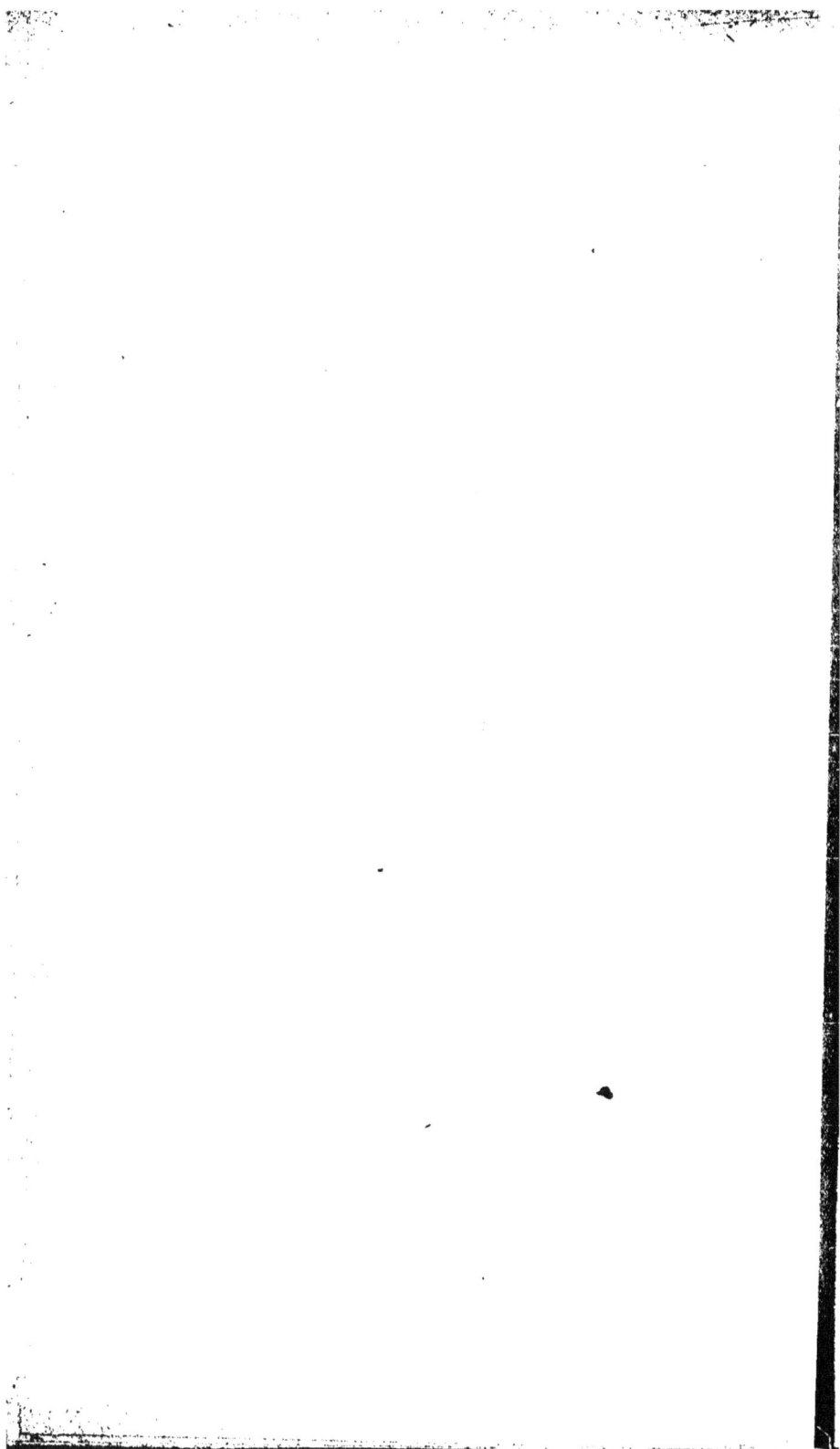

A LÉON VALADE

Douze longs ans ont lui depuis les jours si courts
Où le même devoir nous tenait côte à côte !
Hélas ! les passions dont mon cœur s'est fait l'hôte
Furieux ont troublé ma paix de ces bons jours ;

Et j'ai couru bien loin de nos calmes séjours
Au pourchas du Bonheur, ne trouvant que la Faute ;
Le vaste monde autour de ma fuite trop haute
Fondait en vains aspects, ronflait en vains discours....

— L'Orgueil, fol hippogriffe, a replié ses ailes ;
Un cœur nouveau fleurit au feu des humbles zèles
Dans mon sein visité par la foudre de Dieu.

Mais l'antique amitié, simple, joyeuse, exacte,
Pendant tout mon désastre, à toute heure, en tout lieu,
— J'en suis fier, mon Valade, — entre nous tint ce pacte.

                                          1881.

A ERNEST DELAHAYE

Dieu, nous voulant amis parfaits, nous fit tous deux
Gais de cette gaîté qui rit pour elle-même,
De ce rire absolu, colossal et suprême,
Qui s'esclaffe de tous et ne blesse aucun d'eux.

Tous deux nous ignorons l'égoïsme hideux
Qui nargue ce prochain même qu'il faut qu'on aime
Comme soi-même : tels les termes du problème,
Telle la loi totale au texte non douteux.

5.

Et notre rire étant celui de l'innocence,
Il éclate et rugit dans la toute-puissance
D'un bon orage plein de lumière et d'air frais.

Pour le soin du Salut, qui me pique et m'inspire,
J'estime que, parmi nos façons d'être prêts,
Il nous faut mettre au rang des meilleures ce rire.

A ÉMILE BLÉMONT

La vindicte bourgeoise assassinait mon nom
Chinoisement, à coups d'épingle, quelle affaire !
Et la tempête allait plus âpre dans mon verre.
D'ailleurs du *seul* grief, Dieu bravé, pas un non,

Pas un oui, pas un mot ! L'Opinion sévère
Mais juste s'en moquait autant qu'une guenon
De noix vides. Ce bœuf bavant sur son fanon,
Le Public, mâchonnait ma gloire... encore à faire.

L'heure était tentatrice, et plusieurs d'entre ceux
Qui m'aimaient, en dépit de Prudhomme complice,
Tournèrent carrément, furent de mon supplice,

Ou se turent, la Peur les trouvant paresseux.
Mais vous, du premier jour vous fûtes simple, brave,
FIDÈLE ; et dans un cœur bien fait cela se grave.

A CHARLES DE SIVRY

Mon Charles, autrefois mon frère, et pardieu bien !
Encore tel malgré toutes les lois ensemble,
Te souvient-il d'un amoureux qui n'ose et tremble
Et verse le secret de son cœur dans le tien ?

Ah, de vivre ! Et te souvient-il du fameux Sage,
Austère avec douceur, en route, croyait-il,
Pour un beau Bethléem littéral et subtil,
Entre un berger naïf et quelque très haut mage ?

—L'amoureux est un veuf orgueilleux. Ah, de vivre !
Le sage a suspendu son haleine et son livre,
N'aspirant plus en Dieu que par la bonne mort.

Et pourtant, pourtant comme ils sont toujours le même
Homme du chaste espoir de justes noces qu'aime
Ou non celle qui sous sa tombe d'oubli dort !

A EMMANUEL CHABRIER

Chabrier, nous faisions, un ami cher et moi,
Des paroles pour vous qui leur donniez des ailes,
Et tous trois frémissions quand, pour bénir nos zèles,
Passait l'Ecce deus et le Je ne sais quoi.

Chez ma mère charmante et divinement bonne,
Votre génie improvisait au piano,
Et c'était tout autour comme un brûlant anneau
De sympathie et d'aise aimable qui rayonne.

Hélas ! ma mère est morte et l'ami cher est mort.
Et me voici semblable au chrétien près du port,
Qui surveille les tout derniers écueils du monde,

Non toutefois sans saluer à l'horizon
Comme une voile sur le large au blanc frisson,
Le souvenir des frais instants de paix profonde.

A EDMOND THOMAS

Mon ami, vous m'avez, quoiqu'encore si jeune,
Vu déjà bien divers, mais ondoyant jamais !
Direct et bref, oui : tels les Juins suivent les Mais,
Ou comme un affamé de la veille déjeune.

Homme de primesault et d'excès, je le suis,
D'aventure et d'erreur, allons, je le concède,
Soit, bien, mais illogique ou mol ou lâche ou tiède
En quoi que ce soit, le dire, je ne le puis,

Je ne le dois ! Et ce serait le plus impie
Péché contre le Saint-Esprit, que rien n'expie,
Pour ma foi que l'amour éclaire de son feu,

Et pour mon cœur d'or pur le mensonge suprême,
Puisqu'il n'est de justice, après l'Église et Dieu,
Que celle qu'on se fait, à confesse, soi-même.

A CHARLES MORICE

Impérial, royal, sacerdotal, comme une
République Française en ce Quatre-vingt-treize
Brûlant empereur, roi, prêtre, dans sa fournaise,
Avec la danse, autour, de la grande Commune ;

L'étudiant et sa guitare et sa fortune
A travers les décors d'une Espagne mauvaise
Mais blanche de pieds nains et noire d'yeux de braise,
Héroïque au soleil et folle sous la lune ;

Néoptolème, âme charmante et chaste tête,
Dont je serais en même temps le Philoctète
Au cœur ulcéré plus encor que sa blessure,

Et, pour un conseil froid et bon parfois, l'Ulysse ;
Artiste pur, poète où la gloire s'assure ;
Cher aux femmes, cher aux Lettres, Charles Morice !

A MAURICE DU PLESSYS

Je vous prends à témoin entre tous mes amis,
Vous qui m'avez connu dès l'extrême infortune,
Que je fus digne d'elle, à Dieu seul tout soumis,
Sans criard désespoir ni jactance importune,

Simple dans mon mépris pour des revanches viles
Et dans l'immense effort en détournant leurs coups,
Calme à travers ces sortes de guerres civiles
Où la Faim et l'Honneur eurent leurs tours jaloux,

Et, n'est-ce pas, bon juge, et fier! mon du Plessys,
Qu'en l'amer combat que la gloire revendique,
L'Honneur a triomphé de sorte magnifique ?

Aimez-moi donc, aimez, quels que soient les soucis
Plissant parfois mon front et crispant mon sourire,
Ma haute pauvreté plus chère qu'un empire.

D'UN « CENTENAIRE » DE CALDERON

(1600-1681)

A JOSE MARIA DE HEREDIA

Ce poète terrible et divinement doux,
Plus large que Corneille et plus haut que Shakspeare,
Grand comme Eschyle avec ce souffle qui l'inspire,
Ce Calderon mystique et mythique est à nous.

Oui, cette gloire est nôtre et nous voici jaloux
De le dire bien haut à ce siècle en délire :
Calderon, catholique avant tout, noble lyre
Et saints accents, et bon catholique avant tous,

Salut ! Et qu'est ce bruit fâcheux d'académies,
De concours, de discours, autour de ce grand mort
En éveil parmi tant de choses endormies ?

Laissez rêver, laissez penser son Œuvre fort
Qui plane, loin d'un siècle impie et ridicule,
Au-dessus, au delà des colonnes d'Hercule !

Mai 1881.

A VICTOR HUGO

EN LUI ENVOYANT « SAGESSE »

Nul parmi vos flatteurs d'aujourd'hui n'a connu
Mieux que moi la fierté d'admirer votre gloire :
Votre nom m'enivrait comme un nom de victoire,
Votre œuvre, je l'aimais d'un amour ingénu.

Depuis, la Vérité m'a mis le monde à nu.
J'aime Dieu, son Église, et ma vie est de croire
Tout ce que vous tenez, hélas! pour dérisoire,
Et j'abhorre en vos vers le Serpent reconnu.

6

J'ai changé. Comme vous. Mais d'une autre manière.
Tout petit que je suis j'avais aussi le droit
D'une évolution, la bonne, la dernière.

Or, je sais la louange, ô maître, que vous doit
L'enthousiasme ancien ; la voici franche, pleine,
Car vous me fûtes doux en des heures de peine.

1884.

SAINT BENOIT-JOSEPH LABRE.

JOUR DE LA CANONISATION

Comme l'Eglise est bonne en ce siècle de haine,
D'orgueil et d'avarice et de tous les péchés,
D'exalter aujourd'hui le caché des cachés,
Le doux entre les doux à l'ignorance humaine

Et le mortifié sans pair que la Foi mène,
Saignant de pénitence et blanc d'extase, chez
Les peuples et les saints, qui, tous sens détachés,
Fit de la Pauvreté son épouse et sa reine,

Comme un autre Alexis, comme un autre François,
Et fut le Pauvre affreux, angélique, à la fois
Pratiquant la douceur, l'horreur de l'Évangile !

Et pour ainsi montrer au monde qu'il a tort
Et que les pieds crus d'or et d'argent sont d'argile,
Comme l'Église est tendre et que Jésus est fort !

PARABOLES

Soyez béni, Seigneur, qui m'avez fait chrétien
Dans ces temps de féroce ignorance et de haine ;
Mais donnez-moi la force et l'audace sereine
De vous être à toujours fidèle comme un chien,

De vous être l'agneau destiné qui suit bien
Sa mère et ne sait faire au pâtre aucune peine,
Sentant qu'il doit sa vie encore, après sa laine,
Au maître, quand il veut utiliser ce bien,

6.

Le poisson, pour servir au Fils de monogramme,
L'ânon obscur qu'un jour en triomphe il monta,
Et, dans ma chair, les porcs qu'à l'abîme il jeta.

Car l'animal, meilleur que l'homme et que la femme,
En ces temps de révolte et de duplicité,
Fait son humble devoir avec simplicité.

SONNET HÉROÏQUE

La Gueule parle : « L'or, et puis encore l'or,
Toujour l'or, et la viande, et les vins, et la viande,
Et l'or pour les vins fins et la viande, on demande
Un trou sans fond pour l'or toujours et l'or encor ! »

La Panse dit : « A moi la chute du trésor !
La viande, et les vins fins, et l'or, toute provende,
A moi ! Dégringolez dans l'outre toute grande
Ouverte du seigneur Nabuchodonosor ! »

L'ŒIL est de pur cristal dans les suifs de la face :
Il brille, net et franc, près du vrai, rouge et faux.
Seule perfection parmi tous les défauts.

L'Ame attend vainement un remord efficace,
Et dans l'impénitence agonise de faim
Et de soif, et sanglote en pensant à LA FIN.

1881.

DRAPEAU VRAI

A RAYMOND DE LA TAILHÈDE

Le soldat qui sait bien et veut bien son métier
Sera l'homme qu'il faut au Devoir inflexible :
Le Devoir, qu'il combatte ou qu'il tire à la cible,
Qu'il s'essore à la mort ou batte un plat sentier;

Le Devoir, qu'il subisse (et l'aime !) un ordre altier
Ou repousse le bas conseil de tel horrible
Dégoût; le Devoir bon, le Devoir dur, le crible
Où restent les défauts de l'homme tout entier;

Le Devoir saint, la fière et douce Obéissance,
Rappel de la Famille en dépit de la France
Actuelle, au mépris de cette France-là !

Famille, foyer, France antique et l'immortelle,
Le Devoir seul devoir, le Soldat qu'appela
D'avance cette France : or l'Espérance est telle.

PENSÉE DU SOIR

A ERNEST RAYNAUD

Couché dans l'herbe pâle et froide de l'exil,
Sous les ifs et les pins qu'argente le grésil,
Ou bien errant, semblable aux formes que suscite
Le rêve, par l'horreur du paysage scythe,
Tandis qu'autour, pasteurs de troupeaux fabuleux,
S'effarouchent les blancs Barbares aux yeux bleus,
Le poète de l'art d'Aimer, le tendre Ovide
Embrasse l'horizon d'un long regard avide
Et contemple la mer immense tristement.

Le cheveu poussé rare et gris que le tourment

Des bises va mêlant sur le front qui se plisse,
L'habit troué livrant la chair au froid, complice,
Sous l'aigreur du sourcil tordu l'œil terne et las,
La barbe épaisse, inculte et presque blanche, hélas !
Tous ces témoins qu'il faut d'un deuil expiatoire
Disent une sinistre et lamentable histoire
D'amour excessif, d'âpre envie et de fureur
Et quelque responsabilité d'Empereur.
Ovide morne pense à Rome et puis encore
A Rome que sa gloire illusoire décore.

Or, Jésus ! vous m'avez justement obscurci :
Mais n'étant pas Ovide, au moins je suis ceci.

PAYSAGES

A ANATOLE BAJU

Au pays de mon père on voit des bois sans nombre.
Là des loups font parfois luire leurs yeux dans l'ombre
Et la myrtille est noire au pied du chêne vert.
Noire de profondeur, sur l'étang découvert,
Sous la bise soufflant balsamiquement dure
L'eau saute à petits flots, minéralement pure.
Les villages de pierre ardoisière aux toits bleus
Ont leur pacage et leur labourage autour d'eux.
Du bétail non pareil s'y fait des chairs friandes
Sauvagement un peu parmi les hautes viandes ;
Et l'habitant, grâce à la Foi sauve, est heureux.

7

Au pays de ma mère est un sol plantureux
Où l'homme, doux et fort, vit prince de la plaine
De patients travaux pour quelles moissons pleine,
Avec, rares, des bouquets d'arbres et de l'eau.
L'industrie a sali par places ce tableau
De paix patriarcale et de campagne dense
Et compromis jusqu'à des points cette abondance,
Mais l'ensemble est resté, somme toute, très bien.
Le peuple est froid et chaud, non sans un fond chrétien.
Belle, très au dessus de toute la contrée,
Se dresse éperdument la tour démesurée
D'un gothique beffroi sur le ciel balancé
Attestant les devoirs et les droits du passé,
Et tout en haut de lui le grand lion de Flandre
Hurle en cris d'or dans l'air moderne : « Osez-les prendre ! »

Le pays de mon rêve est un site charmant
Qui tient des deux aspects décrits précédemment :
Quelque âpreté se mêle aux saveurs géorgiques.
L'amour et le loisir même sont énergiques,
Calmes, équilibrés sur l'ordre et le devoir.
La vierge en général s'abstient du nonchaloir

Dangereux aux vertus, et l'amant qui la presse
A coutume avant tout d'éviter la paresse
Où le vice puisa ses armes en tout temps,
Si bien qu'en mon pays tous les cœurs sont contents,
Sont, ou plutôt étaient.
           Au cœur ou dans la tête,
La tempête est venue. Est-ce bien la tempête ?
En tous cas, il y eut de la grêle et du feu,
Et la misère, et comme un abandon de Dieu.
La mortalité fut sur les mères taries
Des troupeaux rebutés par l'herbe des prairies
Et les jeunes sont morts après avoir langui
D'un sort qu'on croyait parti d'où, jeté par qui ?
Dans les champs ravagés la terre diluée
Comme une pire mer flotte en une buée.
Des arbres détrempés les oiseaux sont partis,
Laissant leurs nids et des squelettes de petits.
D'amours de fiancés, d'union des ménages
Il n'est plus question dans mes tristes parages.
Mais la croix des clochers doucement toujours luit,
Dans les cages plus d'une cloche encor bruit,
Et, béni signal d'espérance et de refuge,
L'arc-en-ciel apparaît comme après le déluge.

LUCIEN LÉTINOIS

I

Mon fils est mort. J'adore, ô mon Dieu, votre loi.
Je vous offre les pleurs d'un cœur presque parjure :
Vous châtiez bien fort et parferez la foi
Qu'alanguissait l'amour pour une créature.

Vous châtiez bien fort. Mon fils est mort, hélas !
Tous me l'aviez donné, voici que votre droite
Me le reprend à l'heure où mes pauvres pieds las
Réclamaient ce cher guide en cette route étroite.

Vous me l'aviez donné, vous me le reprenez :
Gloire à vous ! J'oubliais beaucoup trop votre gloire
Dans la langueur d'aimer mieux les trésors donnés
Que le Munificent de toute cette histoire.

Vous me l'aviez donné, je vous le rends très pur,
Tout pétri de vertu, d'amour et de simplesse.
C'est pourquoi, pardonnez, Terrible, à celui sur
Le cœur de qui, Dieu fort, sévit cette faiblesse.

Et laissez-moi pleurer et faites-moi bénir
L'élu dont vous voudrez certes que la prière
Rapproche un peu l'instant si bon de revenir
A lui dans Vous, Jésus, après ma mort dernière.

II

Car vraiment j'ai souffert beaucoup !
Débusqué, traqué comme un loup
Qui n'en peut plus d'errer en chasse
Du bon repos, du sûr abri,
Et qui fait des bonds de cabri
Sous les coups de toute une race.

La Haine et l'Envie et l'Argent,
Bons limiers au flair diligent,
M'entourent, me serrent. Ça dure
Depuis des jours, depuis des mois,
Depuis des ans ! Dîner d'émois,
Souper d'effrois, pitance dure !

Mais, dans l'horreur du bois natal,
Voici le Lévrier fatal,
La Mort. — Ah! la bête et la brute! —
Plus qu'à moitié mort, moi, la Mort
Pose sur moi sa patte et mord
Ce cœur, sans achever la lutte!

Et je reste sanglant, tirant
Mes pas saignants vers le torrent
Qui hurle à travers mon bois chaste.
Laissez-moi mourir au moins, vous,
Mes frères pour de bon, les Loups! —
Que ma sœur, la Femme, dévaste.

III

O la Femme ! Prudent, sage, calme ennemi,
N'exagérant jamais ta victoire à demi,
Tuant tous les blessés, pillant tout le butin,
Et répandant le fer et la flamme au lointain,
Ou bon ami, peu sûr mais tout de même bon,
Et doux, trop doux souvent, tel un feu de charbon
Qui berce le loisir, vous l'amuse et l'endort,
Et parfois induit le dormeur en telle mort
Délicieuse par quoi l'âme meurt aussi !
Femme à jamais quittée, ô oui ! reçois ici,
Non sans l'expression d'un injuste regret,
L'insulte d'un qu'un seul remord ramènerait.

7.

Mais comme tu n'as pas de remords plus qu'un if
N'a d'ombre vive, c'est l'adieu définitif,
Arbre fatal sous quoi gît mal l'Humanité,
Depuis Eden pour jusqu'à Ce Jour Irrité.

IV

J'ai la fureur d'aimer. Mon cœur si faible est fou.
N'importe quand, n'importe quel et n'importe où,
Qu'un éclair de beauté, de vertu, de vaillance
Luise, il s'y précipite, il y vole, il s'y lance,
Et, le temps d'une étreinte, il embrasse cent fois
L'être ou l'objet qu'il a poursuivi de son choix ;
Puis, quand l'illusion a replié son aile,
Il revient triste et seul bien souvent, mais fidèle,
Et laissant aux ingrats quelque chose de lui,
Sang ou chair. Mais, sans plus mourir dans son ennui,
Il embarque aussitôt pour l'île des Chimères
Et n'en apporte rien que des larmes amères

Qu'il savoure, et d'affreux désespoirs d'un instant,
Puis rembarque.

         — Il est brusque et volontaire tant
Qu'en ses courses dans les infinis il arrive,
Navigateur têtu, qu'il va droit à la rive,
Sans plus s'inquiéter que s'il n'existait pas
De l'écueil proche qui met son esquif à bas.
Mais lui, fait de l'écueil un tremplin et dirige
Sa nage vers le bord. L'y voilà. Le prodige
Serait qu'il n'eût pas fait avidement le tour,
Du matin jusqu'au soir et du soir jusqu'au jour,
Et le tour et le tour encor du promontoire,
Et rien! Pas d'arbres ni d'herbes, pas d'eau pour boire,
La faim, la soif, et les yeux brûlés du soleil,
Et nul vestige humain, et pas un cœur pareil!
Non pas à lui, — jamais il n'aura son semblable —
Mais un cœur d'homme, un cœur vivant, un cœur palpable,
Fût-il faux, fût-il lâche, un cœur! quoi, pas un cœur!
Il attendra, sans rien perdre de sa vigueur
Que la fièvre soutient et l'amour encourage,
Qu'un bateau montre un bout de mât dans ce parage,
Et fera des signaux qui seront aperçus,
Tel il raisonne. Et puis fiez-vous là-dessus! —
Un jour il restera non vu, l'étrange apôtre.

Mais que lui fait la mort, sinon celle d'un autre?
Ah, ses morts ! Ah, ses morts, mais il est plus mort qu'eux !
Quelque fibre toujours de son esprit fougueux
Vit dans leur fosse et puise une tristesse douce ;
Il les aime comme un oiseau son nid de mousse ;
Leur mémoire est son cher oreiller, il y dort,
Il rêve d'eux, les voit, cause avec et s'endort
Plein d'eux que pour encor quelque effrayante affaire
J'ai la fureur d'aimer. Qu'y faire? Ah, laisser faire !

V

O ses lettres d'alors! les miennes elles-mêmes!
Je ne crois pas qu'il soit des choses plus suprêmes.
J'étais, je ne puis dire mieux, vraiment très bien,
Ou plutôt, je puis dire tout, vraiment chrétien.
J'éclatais de sagesse et de sollicitude,
Mettant tout mon soin pieux, toute l'étude
Dont tout mon être était capable, à confirmer
Cette âme dans l'effort de prier et d'aimer.
Oui, j'étais devant Dieu qui m'écoute, si j'ose
Le dire, quel que soit l'orgueil fou que suppose
Un tel serment juré sur sa tête qui dort,
Pur comme un saint et mûr pour cette bonne mort
Qu'aujourd'hui j'entrevois à travers bien des doutes.
Mais lui! ses lettres! l'ange ignorant de nos routes,

Le pur esprit vêtu d'une innocente chair !
O souvenir, de tous peut-être mon plus cher !
Mots frais, la phrase enfant, style naïf et chaste
Où marche la vertu dans la sorte de faste,
Déroulement d'encens, cymbales de cristal,
Qui sied à la candeur de cet âge natal,
Vingt ans !
            Trois ans après il naissait dans la gloire
Éternelle, emplissant à jamais ma mémoire.

VI

Mon fils est brave : il va sur son cheval de guerre,
Sans reproche et sans peur par la route du bien,
Un dur chemin d'embûche et de piège où naguère
Encore il fut blessé et vainquit en chrétien.

Mon fils est fier : en vain sa jeunesse et sa force
L'invitent au plaisir par les langueurs du soir,
Mon enfant se remet, rit de la vile amorce,
Et, les yeux en avant, aspire au seul devoir.

Mon fils est bon : un jour que du bout de son aile
Le soupçon d'une faute effleurait mes cheveux,
Mon enfant, pressentant l'angoisse paternelle,
S'en vint me consoler en de nobles aveux.

Mon fils est fort : son cœur était méchant, maussade,
Irrité, dépité ; mon enfant dit : « Tout beau,
Ceci ne sera pas. Au médecin, malade ! »
Vint au prêtre, et partit avec un cœur nouveau.

Mais surtout que mon fils est beau ! Dieu l'environne
De lumière et d'amour, parce qu'il fut pieux
Et doux et digne encore de la Sainte Couronne
Réservée aux soldats du combat pour les cieux.

Chère tête un instant courbée, humiliée
Sous le verbe éternel du Règne triomphant,
Sois bénie à présent que réconciliée.
— Et je baise le front royal de mon enfant !

VII

O l'odieuse obscurité
Du jour le plus gai de l'année
Dans la monstrueuse cité
Où se fit notre destinée !

Au lieu du bonheur attendu,
Quel deuil profond, quelles ténèbres !
J'en étais comme un mort et tu
Flottais en des pensers funèbres.

La nuit croissait avec le jour
Sur notre vitre et sur notre âme,
Tel un pur, un sublime amour
Qu'eût étreint la luxure infâme ;

Et l'affreux brouillard refluait
Jusqu'en la chambre où la bougie
Semblait un reproche muet
Pour quelque lendemain d'orgie.

Un remords de péché mortel
Serrait notre cœur solitaire...
Puis notre désespoir fut tel
Que nous oubliâmes la terre,

Et que pensant au seul Jésus
Né rien que pour nous ce jour même,
Notre foi prenant le dessus
Nous éclaira du jour suprême.

— Bonne tristesse qu'aima Dieû !
Brume dont se voilait la Grâce,
Crainte que l'éclat de son feu
Ne fatiguât notre âme lasse.

Délicates attentions
D'une Providence attendrie !...
O parfois encore soyons
Ainsi tristes, âme chérie !

VIII

Tout en suivant ton blanc convoi, je me disais
Pourtant : C'est vrai, Dieu t'a repris quand tu faisais
Sa joie et dans l'éclair de ta blanche innocence.
Plus tard la Femme eût mis sans doute en sa puissance
Ton cœur ardent vers elle affrontée un moment
Seulement et t'ayant laissé le tremblement
D'elle, et du trouble en l'âme à cause d'une étreinte ;
Mais tu t'en détournas bientôt par noble crainte
Et revins à la simple, à la noble Vertu,
Tout entier à fleurir, lys un instant battu

Des passions, et plus viril après l'orage,
Plus magnifique pour le céleste suffrage
Et la gloire éternelle... Ainsi parlait ma foi.

Mais quelle horreur de suivre, ò toi ! ton blanc convoi !

IX

Il patinait merveilleusement,
S'élançant, qu'impétueusement !
R'arrivant si joliment vraiment.

Fin comme une grande jeune fille,
Brillant, vif et fort, telle une aiguille,
La souplesse, l'élan d'une anguille.

Des jeux d'optique prestigieux,
Un tourment délicieux des yeux,
Un éclair qui serait gracieux.

Parfois il restait comme invisible,
Vitesse en route vers une cible
Si lointaine, elle-même invisible...

Invisible de même aujourd'hui.
Que sera-t-il advenu de lui?
Que sera-t-il advenu de lui?

X

La Belle au Bois dormait. Cendrillon sommeillait.
Madame Barbe-bleue? elle attendait ses frères ;
Et le petit Poucet, loin de l'ogre si laid,
Se reposait sur l'herbe en chantant des prières.

L'Oiseau couleur-de-temps planait dans l'air léger
Qui caresse la feuille au sommet des bocages
Très nombreux, tout petits, et rêvant d'ombrager
Semaille, fenaison, et les autres ouvrages.

8

Les fleurs des champs, les fleurs innombrables des champs,
Plus belles qu'un jardin où l'Homme a mis ses tailles,
Ses coupes et son goût à lui, — les fleurs des gens ! —
Flottaient comme un tissu très fin dans l'or des pailles,

Et, fleurant simple, ôtaient au vent sa crudité,
Au vent fort mais alors atténué, de l'heure
Où l'après-midi va mourir. Et la bonté
Du paysage au cœur disait : Meurs ou demeure !

Les blés encore verts, les seigles déjà blonds
Accueillaient l'hirondelle en leur flot pacifique.
Un tas de voix d'oiseaux criait vers les sillons
Si doucement qu'il ne faut pas d'autre musique...

Peau-d'Ane rentre. On bat la retraite — écoutez ! —
Dans les états voisins de Riquet-à-la-Houppe,
Et nous joignons l'auberge, enchantés, esquintés,
Le bon coin où se coupe et se trempe la soupe !

XI

Je te vois encore à cheval
Tandis que chantaient les trompettes,
Et ton petit air martial
Chantait aussi quand les trompettes ;

Je te vois toujours en treillis
Comme un long Pierrot de corvée
Très élégant sous le treillis,
D'une allure toute trouvée ;

Je te vois autour des canons,
Frêles doigts dompteurs de colosses,
Grêle voix pleines de crés noms,
Bras chétifs vainqueurs de colosses ;

Et je te rêvais une mort
Militaire, sûre et splendide,
Mais Dieu vint qui te fit la mort
Confuse de la thyphoïde...

Seigneur, j'adore vos desseins,
Mais comme ils sont impénétrables !
Je les adore, vos desseins,
Mais comme ils sont impénétrables !

XII

Le petit coin, le petit nid
 Que j'ai trouvés,
Les grands espoirs que j'ai couvés,
 Dieu les bénit.
Les heures des fautes passées
 Sont effacées
Au pur cadran de mes pensées.

L'innocence m'entoure et toi
 Simplicité.
Mon cœur par Jésus visité
 Manque de quoi?

8.

Ma pauvreté, ma solitude,
Pain dur, lit rude,
Quel soin jaloux ! l'exquise étude !

L'âme aimante au cœur fait exprès,
Ce dévouement,
Viennent donner un dénouement
Calme et si frais
A la détresse de ma vie
Inassouvie
D'avoir satisfait toute envie !

Seigneur, ô merci. N'est-ce pas
La bonne mort ?
Aimez mon patient effort
Et nos combats.
Les miens et moi, le ciel nous voie
Par l'humble voie
Entrer, Seigneur, dans Votre joie.

XIII

Notre essai de culture eut une triste fin,
Mais il fit mon délice un long temps et ma joie :
J'y voyais se développer ton être fin
Dans ce bon travail qui bénit ceux qu'il emploie ;

J'y voyais ton profil fluet sur l'horizon
Marcher comme à pas vifs derrière la charrue,
Gourmandant les chevaux ainsi que de raison,
Sans colère, et criant diah et criant hue ;

Je te voyais herser, rouler, faucher parfois,
Consultant les anciens, inquiet d'un nuage,
L'hiver à la batteuse ou liant dans nos bois.
Je t'aidais, vite hors d'haleine et tout en nage.

Le dimanche, en l'éveil des cloches, tu suivais
Le chemin de jardins pour aller à la Messe ;
Après midi, l'auberge une heure où tu buvais
Pour dire, et puis la danse aux soirs de grand'liesse...

Hélas ! tout ce bonheur que je croyais permis,
Vertu, courage à deux, non mépris de la foule
Mais pitié d'elle avec très peu de bons amis,
Croûla dans des choses d'argent comme un mur croûle.

Après, tu meurs ! — Un dol sans pair livre à la Faim
Ma fierté, ma vigueur, et la gloire apparue...
Ah ! frérot ! est-ce enfin là-haut ton spectre fin
Qui m'appelle à grands bras derrière la charrue ?

XIV

Puisque encore déjà la sottise tempête,
Explique alors la chose, ô malheureux poète.

Je connus cet enfant, mon amère douceur,
Dans un pieux collège où j'étais professeur.
Ses dix-sept ans mutins et maigres, sa réelle
Intelligence, et la pureté vraiment belle
Que disaient et ses yeux et son geste et sa voix,
Captivèrent mon cœur et dictèrent mon choix
De lui pour fils, puisque, mon vrai fils, mes entrailles,
On me le cache en manière de représailles

Pour je ne sais quels torts charnels et surtout pour
Un fier départ à la recherche de l'amour
Loin d'une vie aux platitudes résignée !
Oui, surtout et plutôt pour ma fuite indignée
En compagnie illustre et fraternelle vers
Tous les points du physique et moral univers,
— Il paraît que des gens dirent jusqu'à Sodome, —
Où mourussent les cris de Madame Prudhomme !

Je lui fis part de mon dessein. Il accepta.

Il avait des parents qu'il aimait, qu'il quitta
D'esprit pour être mien, tout en restant son maître
Et maître de son cœur, de son âme peut-être,
Mais de son esprit, plus.

              Ce fut bien, ce fut beau
Et c'eût été trop bon, n'eût été le tombeau.
Jugez.

      En même temps que toutes mes idées,
(Les bonnes !) entraient dans son esprit, précédées
De l'Amitié jonchant leur passage de fleurs,
De lui, simple et blanc comme un lys calme aux couleurs

D'innocence candide et d'espérance verte,
L'Exemple descendait sur mon âme entr'ouverte
Et sur mon cœur qu'il pénétrait, plein de pitié,
Par un chemin semé des fleurs de l'Amitié :
Exemple des vertus joyeuses, la franchise,
La chasteté, la foi naïve dans l'Église,
Exemple des vertus austères, vivre en Dieu,
Le chérir en tout temps et le craindre en tout lieu,
Sourire, que l'instant soit léger ou sévère,
Pardonner, qui n'est pas une petite affaire !

Cela dura six ans, puis l'ange s'envola,
Dès lors je vais hagard et comme ivre. Voilà.

XV

Cette adoption de toi pour mon enfant
Puisque l'on m'avait volé mon fils réel,
Elle n'était pas dans les conseils du ciel,
Je me le suis dit, en pleurant, bien souvent;

Je me le suis dit toujours devant ta tombe
Noire de fusains, blanche de marguerites,
Elle fut sans doute un de ces démérites
Cause de ces maux où voici que je tombe.

Ce fut, je le crains, un faux raisonnement.
A bien réfléchir je n'avais pas le droit,
Pour me consoler dans mon chemin étroit,
De te choisir, même ô si naïvement,

Même ô pour ce plan d'humble vertu cachée :
Quelques champs autour d'une maison sans faste
Que connaît le pauvre, et sur un bonheur chaste
La grâce de Dieu complaisamment penchée !

Fallait te laisser pauvre et gai dans ton nid,
Ne pas te mêler à mes jeux orageux,
Et souffrir l'exil en proscrit courageux,
L'exil loin du fils né d'un amour bénit.

Il me reviendrait, le fils des justes noces,
A l'époque d'être au moment d'être un homme,
Quand il comprendrait, quand il sentirait comme
Son père endura de sottises féroces !

9

Cette adoption fut le fruit défendu ;
J'aurais dû passer dans l'odeur et le frais
De l'arbre et du fruit sans m'arrêter auprès.
Le ciel m'a puni... J'aurais dû, j'aurais dû !

XVI

Ce portrait qui n'est pas ressemblant,
Qui fait roux tes cheveux noirs plutôt,
Qui fait rose ton teint brun plutôt,
Ce pastel, comme il est ressemblant !

Car il peint la beauté de ton âme,
La beauté de ton âme un peu sombre
Mais si claire au fond que, sur mon âme,
Il a raison de n'avoir pas d'ombre.

Tu n'étais pas beau dans le sens vil
Qu'il paraît qu'il faut pour plaire aux dames,
Et pourtant, de face et de profil,
Tu plaisais aux hommes comme aux femmes.

Ton nez certes n'était pas si droit,
Mais plus court qu'il n'est dans le pastel,
Mais plus vivant que dans le pastel,
Mais aussi long et droit que de droit.

Ta lèvre et son ombre de moustache
Fut rouge moins qu'en cette peinture
Où tu n'as pas du tout de moustache,
Mais c'est ta souriance si pure.

Ton port de cou n'était pas si dur,
Mais flexible, et d'un aigle et d'un cygne ;
Car ta fierté parfois primait sur
Ta douceur dive et ta grâce insigne.

Mais tes yeux, ah, tes yeux, c'est bien eux,
Leur regard triste et gai c'est bien lui,
Leur éclat apaisé c'est bien lui,
Ces sourcils orageux, que c'est eux !

Ah ! portrait qu'en tous les lieux j'emporte
Où m'emporte une fausse espérance,
Ah, pastel spectre, te voir m'emporte
Où ? parmi tout, jouissance et transe !

O l'élu de Dieu, priez pour moi,
Toi qui sur terre étais mon bon ange ;
Car votre image, plein d'alme émoi,
Je la vénère d'un culte étrange.

XVII

Ame, te souvient-il, au fond du paradis,
De la gare d'Auteuil et des trains de jadis
T'amenant chaque jour, venus de La Chapelle?
Jadis déjà! Combien pourtant je me rappelle
Mes stations au bas du rapide escalier
Dans l'attente de toi, sans pouvoir oublier
Ta grâce en descendant les marches, mince et leste
Comme un ange le long de l'échelle céleste,
Ton sourire amical ensemble et filial,
Ton serrement de main cordial et loyal,
Ni tes yeux d'innocent, doux mais vifs, clairs et sombres,
Qui m'allaient droit au cœur et pénétraient mes ombres.

Après les premiers mots de bonjour et d'accueil,
Mon vieux bras dans le tien, nous quittions cet Auteuil,
Et, sous les arbres pleins d'une gente musique,
Notre entretien était souvent métaphysique.
O tes forts arguments, ta foi du charbonnier!
Non sans quelque tendance, ô si franche! à nier,
Mais si vite quittée au premier pas du doute!
Et puis nous rentrions, plus que lents, par la route
Un peu des écoliers, chez moi, chez nous plutôt,
Y déjeuner de rien, fumailler vite et tôt,
Et dépêcher longtemps une vague besogne.

Mon pauvre enfant, ta voix dans le bois de Boulogne!

XVIII

Il m'arrivait souvent, seul avec ma pensée,
— Pour le fils de son nom tel un père de chair, —
D'aimer à te rêver dans un avenir cher
La parfaite, la belle et sage fiancée.

Je cherchais, je trouvais, jamais content assez,
Amoureux tout d'un coup et prompt à me reprendre,
Tour à tour confiant et jaloux, froid et tendre,
Me crispant en soupçons, plein de soins empressés,

Prenant ta cause enfin jusqu'à tenir ta place,
Tant j'étais tien, que dis-je là? tant j'étais toi,
Un toi qui t'aimait mieux, savait mieux qui et quoi,
Discernait ton bonheur de quel cœur perspicace!

Puis, comme ta petite femme s'incarnait,
Toute prête, vertu, bon nom, grâce et le reste,
O nos projets! voici que le Père céleste,
Mieux informé, rompit le mariage net.

Et ravit, pour la Seule épouse, pour la Gloire
Eternelle, ton âme aux plus ultimes cieux,
En attendant que ressuscite glorieux
Ton corps, aimable et fin compagnon de victoire.

9.

XIX

Tu mourus dans la salle Serre,
A l'hospice de la Pitié :
On avait jugé nécessaire
De t'y mener mort à moitié.

J'ignorais cet acte funeste.
Quand j'y courus et que j'y fus,
Ce fut pour recueillir le reste
De ta vie en propos confus.

Et puis, et puis, je me rappelle
Comme d'hier, en vérité :
Nous obtenons qu'à la chapelle,
Un service en noir soit chanté :

Les cierges autour de la bière
Flambent comme des yeux levés
Dans l'extase d'une prière
Vers des paradis retrouvés :

La croix du tabernacle et celle
De l'absoute luisent ainsi
Qu'un espoir infini que scelle
La Parole et le Sang aussi :

La bière est blanche qu'illumine
La cire et berce le plain-chant
De promesse et de paix divine,
Berceau plus frêle et plus touchant.

XX

Si tu ne mourus pas entre mes bras,
Ce fut tout comme, et de ton agonie
J'en vis assez, ô détresse infinie !
Tu délirais, plus pâle que tes draps ;

Tu me tenais, d'une voix trop lucide,
Des propos doux et fous, « que j'étais mort,
Que c'était triste », et tu serrais très fort
Ma main tremblante, et regardais à vide ;

Je me tournais, n'en pouvant plus de pleurs,
Mais ta fièvre voulait suivre son thème,
Tu m'appelais par mon nom de baptême,
Puis ce fut tout, ô douleur des douleurs !

J'eusse en effet dû mourir à ta place,
Toi debout, là, présidant nos adieux !...
Je dis cela faute de dire mieux.
Et pardonnez, Dieu juste, à mon audace.

XXI

L'affreux Ivry dévorateur
A tes reliques dans sa terre
Sous de pâles fleurs sans odeur
Et des arbres nains sans mystère.

Je laisse les charniers flétris
Où gît la moitié de Paris.

Car, mon fils béni, tu reposes
Sur le territoire d'Ivry-
Commune, où, du moins, mieux encloses,
Les tombes dorment à l'abri

Du flot des multitudes bêtes
Les dimanches, jeudis et fêtes.

Le cimetière est trivial
Dans la campagne révoltante,
Mais je sais le coin lilial
Où ton corps a planté sa tente.

— Ami, je viens parler à toi.
— Commence par prier pour moi.

Bien pieusement je me signe
Devant la croix de pierre et dis
En sanglotant à chaque ligne
Un très humble *De Profundis*.

— Alors ta belle âme est sauvée?
— Mais par quel désir éprouvée!

Les fleurettes du jardinet
Sont bleuâtres et rose tendre
Et blanches, et l'on reconnait
Des soins qu'il est juste d'attendre.

— Le désir, sans doute, de Dieu?
— Oui, rien n'est plus dur que ce feu.

Les couronnes renouvelées
Semblent d'agate et de cristal;
Des feuilles d'arbres des allées
Tournent dans un grand vent brutal.

— Comme tu dois souffrir, pauvre âme!
— Rien n'est plus doux que cette flamme.

Voici le soir gris qui descend ;
Il faut quitter le cimetière,
Et je m'éloigne en t'adressant
Une invocation dernière :

— Ame vers Dieu, pensez à moi.
— Commence par prier pour toi.

XXII

O Nouvelle-Forêt ! nom de féerie et d'armes !
Le mousquet a souvent rompu philtres et charmes
Sous tes rameaux où le rossignol s'effarait.
O Shakspeare ! ô Cromwell ! ô Nouvelle-Forêt !
Nom désormais joli seulement, plus tragique
Ni magique, mais, par une aimable logique,
Encadrant Lymington, vieux bourg, le plus joli
Et le plus vieux des bourgs jadis guerriers, d'un pli
D'arbres sans nombre vains de leur grâce hautaine,
Avec la mer qui rêve haut, pas très lointaine,
Comme un puissant écho des choses d'autrefois.

J'y vécus solitaire, ou presque, quelques mois,
Solitaire et caché, — comme, tapi sous l'herbe,
Tout ce passé dormant aux pieds du bois superbe —
Non sans, non plus, dans l'ombre et le silence fiers,
Moi, le cri sourd de mes avant-derniers hiers,
Passion, ironie, atroce grosse joie!
Non sans, non plus, sur la dive corde de soie
Et d'or du cœur désormais pur, cette chanson,
La meilleure! d'amour filial au frisson
Béni certes. — O ses lettres dans la semaine
Par la boîte vitrée, et que fou je promène,
Fou de plaisir, à travers bois, les relisant
Cent fois. — Et cet Ivry-commune d'à-présent!

XXIII

Ta voix grave et basse
Pourtant était douce
Comme du velours,
Telle, en ton discours,
Sur de sombre mousse
De belle eau qui passe.

Ton rire éclatait
Sans gêne et sans art,
Franc, sonore et libre.
Tel, au bois qui vibre,
Un oiseau qui part
Trillant son motet.

Cette voix, ce rire
Font dans ma mémoire
Qui te voit souvent
Et mort et vivant
Comme un bruit de gloire
Dans quelque martyre.

Ma tristesse en toi
S'égaie à ces sons
Qui disent : « Courage ! »
Au cœur que l'orage
Emplit des frissons
De quel triste émoi !

Orage, ta rage,
Tais la, que je cause
Avec mon ami
Qui semble endormi,
Mais qui se repose
En un conseil sage...

XXIV

O mes morts tristement nombreux
Qui me faites un dôme ombreux
De paix, de prière et d'exemple,
Comme autrefois le Dieu vivant
Daigna vouloir qu'un humble enfant
Se sanctifiât dans le temple.

O mes morts penchés sur mon cœur,
Pitoyables à sa langueur,

Père, mère, âmes angéliques,
Et toi qui fus mieux qu'une sœur,
Et toi, jeune homme de douceur
Pour qui ces vers mélancoliques,

Et vous tous, la meilleure part
De mon âme, dont le départ
Flétrit mon heure la meilleure,
Amis que votre heure faucha,
O mes morts, voyez que déjà
Il se fait temps qu'aussi je meure.

Car plus rien sur terre qu'exil !
Et pourquoi Dieu retire-t-il
Le pain lui-même de ma bouche,
Sinon pour me rejoindre à vous
Dans son sein redoutable et doux,
Loin de ce monde âpre et farouche.

Aplanissez-moi le chemin,
Venez me prendre par la main,
Soyez mes guides dans la gloire,
Ou bien plutôt, — Seigneur vengeur! —
Priez pour un pauvre pécheur
Indigne encor du Purgatoire.

BATIGNOLLES

Un grand bloc de grès ; quatre noms : mon père
Et ma mère et moi, puis mon fils bien tard,
Dans l'étroite paix du plat cimetière
Blanc et noir et vert, au long du rempart.

Cinq tables de grès ; le tombeau nu, fruste,
En un carré long, haut d'un mètre et plus,
Qu'une chaîne entoure et décore juste,
Au bas du faubourg qui ne bruit plus.

C'est de là que la trompette de l'ange
Fera se dresser nos corps ranimés
Pour la vie enfin qui jamais ne change,
O vous, père et mère et fils bien aimés.

10

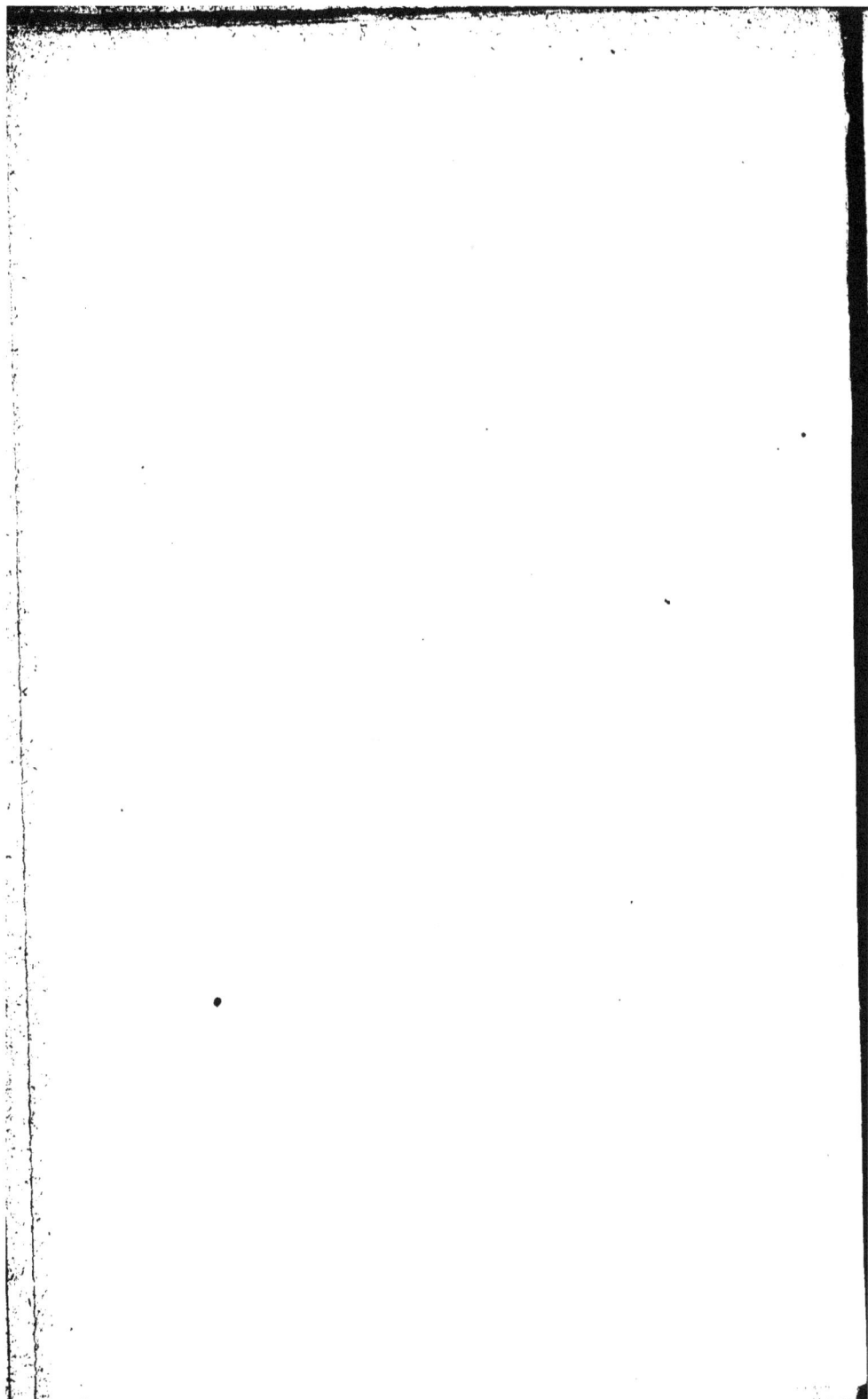

A GEORGES VERLAINE

Ce livre ira vers toi comme celui d'Ovide
    S'en alla vers la Ville.
Il fut chassé de Rome ; un coup'bien plus perfide
    Loin de mon fils m'exile.

Te reverrai-je ? Et quel ? Mais quoi ! moi mort ou non,
    Voici mon testament :
Crains Dieu, ne hais personne, et porte bien ton nom
    Qui fut porté dûment.

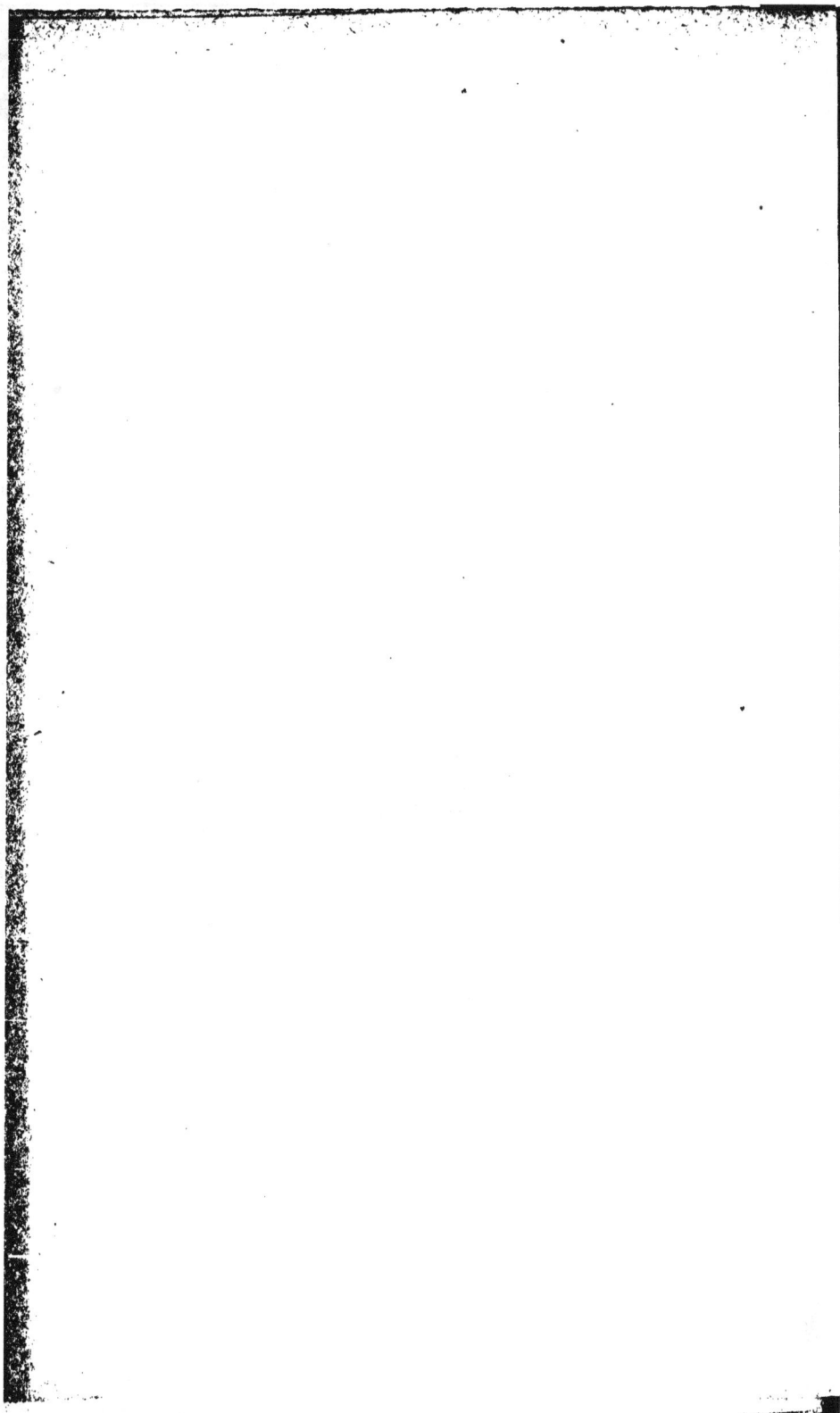

TABLE DES MATIÈRES

Prière du matin. 1

Écrit en 1875. 9

Un conte 13

Bournemouth. 19

There. 25

Un crucifix. 29

Ballade à propos de deux ormeaux qu'il avait. 33

Sur un reliquaire qu'on lui avait dérobé. 35

A madame X... en lui envoyant une pensée. 41

Un veuf parle. 45

Il parle encore. 47

Ballade en rêve. 51

Adieu. 55

Ballade en l'honneur de Louise Michel. 59

A Louis II, roi de Bavière. 61

Parsifal. 63

Saint Graal. 65

« Gais et contents » 67

A Fernand Langlois. 69

Délicatesse. 73

Angélus de midi. 75

A Léon Valade. 79

A Ernest Delahaye. 81

A Émile Blémont 83

A Charles de Sivry. 85

A Emmanuel Chabrier. 87

A Edmond Thomas. 89

A Charles Morice. 91

A Maurice du Plessys. 93

A propos d'un « Centenaire » de Calderon 95

A Victor Hugo en lui envoyant *Sagesse*. 97

Saint Benoît-Joseph Labre 99

Paraboles. 101

Sonnet héroïque. 103

Drapeau vrai. 105

Pensée du soir 107

Paysages. 109

Lucien Létinois. 113

Batignolles. 169

A Georges Verlaine. 171

Paris. — Imp. E. CAPIOMONT et Cie, rue des Poitevins, 6.

LÉON VANIER, Quai Saint-Michel, Paris

PAUL VERLAINE

POÉSIES Sagesse 5
        La bonne Chanson 2
        Fêtes galantes 3
        Romances sans paroles 3
        Jadis et naguère 3
        Parallèlement . . . .
        Bonheur . . . .
PROSE. Les Poètes maudits 5
        Louise Leclercq . . . .
        Le Poteau . . . .
                  . . . . 3 50
        Les Mémoires d'un Veuf 3 50
                  8
\ 10

STÉPHANE MALLARMÉ

D'après midi d'un faune . . . .
       . . . .
       5
Poèmes d'Edgar Poe . . . .
       12
\ 10

J. K. HUYSMANS

Croquis Parisiens . . . .
       . . . .
       . . . . 10 12 15
       . . . .
\ 10

JEAN MORÉAS

Les Cantilènes 50
       7
\ 10

JULES LAFORGUE

Les Complaintes . . . .
Imitation de Notre-Dame la Lune . . . .
\ 10

www.ingramcontent.com/pod-product-compliance
Lightning Source LLC
Chambersburg PA
CBHW072022080426
42733CB00010B/1796